피크 쇼크

포스트 피크, 추락의 시대가 온다

피크 쇼크

매일경제 산업부 지음

PEAK
SHOCK

매일경제신문사

피크 쇼크가 온다

'정점(Peak)을 지났다.' 이 문장의 시제는 비록 과거형이지만 내용상 미래를 예고하는 의미를 담고 있다. 어떤 상황이 정점을 지났다면 남은 것은 고꾸라지는 것이기 때문이다.

'피크 쇼크(Peak Shock)'도 마찬가지다. 머지않은 장래에 우리 앞에 펼쳐질 경제 위기를 예고하는 말이다. 피크 쇼크란 '더 많이, 더 빨리, 더 싸게' 생산하고 소비하던 시대가 마침내 정점을 찍고 가파른 내리막길에 접어들 때 발생하는 충격을 뜻한다.

피크 쇼크는 시장 상황에 따라 오르락내리락하는 경기 변동이나 일시적인 수급 변화와는 근본적으로 다르다. 일단 산업 성장세가 정점을 찍으면 추세적으로 내리막길에 접어들 수밖에 없다. 이후의 과정은 차라리 악몽에 가깝다. 고질적인 공급 과잉과 수요 축소의 악순환은 필연적으로 생산 및 고용 감소로 이어지게 되고, 해당 산업에 속한 기업과 종사자들은 극심한 혼란과 고통을 겪게 된다.

사실 나이가 들고 계절이 바뀌듯 어느 업종이나 정점을 찍는 시기가 존재하게 된다. 기술 발전에 따라 일부 업종의 흥망성쇠는 불가피한 측면이 있다. 문제는 이런 현상이 주요 업종에서 동시다발적으로 발생하고 있다는 점이다.

충분한 대비 없이 이런 상황을 맞게 되면 그 충격은 경제 분야에 국한되지 않는다. 국가와 사회 전반은 물론이고 개인의 일상생활조차 심대한 위기를 각오해야 한다. 피크 쇼크를 초래하는 주요 원인 중 하나가 인구 고령화 및 저출산이라는 점에서 더욱 그렇다. 앞으로 겪게 될 여러 위기 상황들은 대개 이전에 겪어보지 못한 유형일 가능성이 높다. 이게 피크 쇼크의 기본 개념이다.

'피크'라는 접두사가 붙은 말은 이미 해외 자료에서 빈번하게 등장하는 용어다. 피크 오일(Peak Oil, 석유 수요 정점), 피크 카(Peak Car, 차 생산 정점), 피크 유스(Peak Youth, 젊은 인구 정점), 피크 스틸(Peak Steel, 철강재 생산 정점) 등의 말이 외국에선 평범한 단어처럼 쓰인다. 전문가들은 대략 10~20년 안에 석유, 자동차, 조선, 철강 등 전통 제조업의 성장세가 정점을 찍고 급격히 하락하는 피크 쇼크가 불가피하다고 예상한다.

피크 쇼크의 핵심은 경제 전반으로 확산되고 있는 수요 감소다. 수요가 쪼그라들면 이를 차지하기 위한 경쟁은 더욱 심해진다. 심지어 경쟁이 일정한 수준을 넘어서면 파괴적인 갈등과 충돌을 초래하기도 한다. 또 이런 갈등과 충돌은 종종 국가 및 사회 시스템을 바꿔놓기도 한다. 새로운 시스템에 적응해야 하는 개인과 기업, 조직 입장에서는 이래저래 고생문이 훤히 열린 격이다. 여기까지는 전 지구적인 공통 현상이라고 할 수 있을 것이다.

여기에 한국에선 몇 가지 특별한 사정이 덧붙여진다. 앞뒤 안 맞는 경제 정책과 정치권의 포퓰리즘(Populism) 탓에 내수 경기가 침체되고 수출이 줄어드는 악조건이 먼저 형성된 것이다. 잘못된 대응으로 피크 쇼크를 스스로 앞당기고 있는 셈이다. 게다가 한국에서는 '과연 경쟁이 공정하게 이루어지고 있는가'라는 질문과 함께 '과연 경쟁이 제대로 이루어지고 있는가'라는 원초적 질문이 존재한다. 불공정한 경쟁이 방치되는 동시에 경쟁을 촉진하기는커녕 스스로 저해하는 현상이 함께 벌어진다는 뜻이다.

〈매일경제〉 취재팀이 2019년 말 성장 정점을 찍은 한국 산업이 본격적인 내리막길로 접어들 때의 충격을 피크 쇼크로 규정하고, 심층 분석 기사를 시리즈로 게재한 이유도 바로 여기에 있다. 대변혁을 앞두고 국민들의 고통이 불을 보듯 뻔한 상황임에도 국가 차원에서 피크 쇼크에 제대로 대응하지 못하고 있다는 확신이 들었기 때문이다. 이는 통계 숫자로도 뒷받침되고 있다.

통계청에 따르면 2019년 한국 제조업 생산 능력이 전년 대비 -1.2%를 기록해 통계로 처음 집계된 1971년 이후 48년 만에 가장 큰 폭의 마이너스 증가율을 보였다. 제조업 생산 능력이란 사업체가 정상적인 조업 환경에서 생산하는 최대 생산량을 뜻한다. 2019년 제조업 평균 가동률도 72.9%로 1998년 외환위기 이후 가장 낮았다. 2019년 글로벌 제조업 생산 능력 증가율이 1%대를 기록할 것으로 예상되는 만큼 한국 제조업의 부진은 결코 좋은 신호가 아니다. 만약 반등에 성공하지 못하고 한국 제조업의 정점 통과를 의미하는 것이라면 심각한 사안이다. 하지만 사정이 이런데도 한국 정부와 국민들은 문제의 심각성을 제대로 인식하지 못하고 있다.

'피크 쇼크에 미리 대비한다면 충격을 줄이는 것이 가능할까'라는 의문이 들 수 있다. 취재팀의 결론은 '가능하다'는 것이다. 예를 들어보겠다.

미국 시장조사기관인 IDC에 따르면 2019년 글로벌 스마트폰 출하 대수(잠정치)는 13억 7,100만 대를 기록해 전년보다 2.3% 줄어들었다. 글로벌 스마트폰 출하량은 이미 2017년에 정점을 찍었다. 이후

3년째 출하 대수가 줄어들면서 관련 업계 사람들은 스마트폰의 수요 자체는 감소 추세가 불가피할 것으로 생각하고 있다. 이유는 간단하다. 스마트폰을 소비할 만한 사람들은 이미 스마트폰을 갖고 있고, 신형 스마트폰의 혁신도 한계를 보이고 있기 때문이다. 애플 아이폰이 처음 세상에 나왔을 때의 경이로움이 없어졌다는 의미다.

여기서 주목해야 할 점은 스마트폰의 경우에는 정점을 찍은 이후 추세적인 수요 감소에도 불구하고 아직까지 특별한 부작용이 나타나지 않고 있다는 것이다. 여러 이유가 복합적으로 작용한 결과이겠지만 핵심은 기술 혁신이다. 비록 업체 간 경쟁은 갈수록 치열해지겠지만 기술 혁신이란 돌파구가 존재하기 때문에 산업의 역동성을 이어가고 있는 것이다.

기술 혁신에 성공한 기업은 피크 쇼크의 와중에서도 승리를 거머쥔다. 예컨대 삼성전자는 2019년 21.6%의 점유율을 기록하며 스마트폰 글로벌 1위 자리를 지켰다. 큰 화면과 폴더블폰, 5세대 이동통신 (5G) 서비스 같은 기술 혁신이 시장에 먹혀들었기 때문이다.

물론 정반대의 경우도 있다. 혁신은 '양면의 칼'과 같다. 특정 산업의 혁신은 또 다른 산업의 쇠퇴를 앞당기는 요인으로 작용하게 된다. 온라인 쇼핑의 거침없는 공세에 맥없이 스러지고 있는 오프라인 유통업체가 그런 예다.

롯데미래전략연구소의 〈유통 중장기 전략 보고서〉에 따르면 오프라인 유통점 매출은 2021년 142조 원으로 정점을 찍은 뒤 하락세로 접어들 전망이다. '피크 유스'로 불리는 인구 고령화와 새벽 배송 등 온라인 쇼핑 확산의 여파다.

요컨대, 피크 쇼크는 위기이자 기회다. 승부의 관건은 혁신을 촉진시키는 정부와 산업 정책의 역할이다. 당연한 얘기지만 자유 경제 체제하에서 혁신을 유도하는 최대 동력은 경쟁의 촉진이다. 최근 수

년간 한국의 경제 정책이 경쟁을 촉진시키기보다 경쟁을 저해하거나 배제하는 쪽으로 기울어졌음은 안타까운 일이다.

이 책의 구성을 설명하면서 프롤로그를 매듭지으려 한다. 이 책은 크게 3부로 구성됐다. 1부에서는 우리 주변에 동시다발적으로 나타나기 시작한 피크 쇼크 현상을 짚어보고 그 여파를 가늠해볼 것이다. 2부에서는 이전에 경험해보지 못한 새로운 형태의 대변혁을 맞아 생존 경쟁에 뛰어든 기업들의 사투가 그려질 것이다. 3부는 피크 쇼크의 돌파구를 열어줄 인공지능(AI), 빅데이터, 사물인터넷(IoT), 로봇 등 4차 산업혁명 기술의 동향과 미래를 분석한다.

이 책에는 2019년 말 신문에 시리즈 기사를 게재할 당시 지면의 한계 때문에 미처 싣지 못한 글과 추가 취재를 통해 보강한 새로운 내용들이 담겼다. 부디 이 책이 한국 국민들의 고통과 사회적 비용을 줄이고, 위기를 기회로 전환시키는 데 작은 계기가 될 수 있기를 바라는 마음이다.

피크 쇼크는 지금 이 순간에도 확산되고 있다. 따라서 그 실체와 파급 효과, 대응책에 대한 분석도 계속 달라질 수밖에 없다. 지속적인 관심과 노력이 불가피하다. 이 책도 마찬가지다. 훗날 기회가 주어진다면 보다 충실한 내용으로 보완할 것을 독자께 약속드린다.

서울 충무로 남산 자락에서 저자 일동

CONTENTS

제3부 승부처

제1부

피크 시대

피크 카 시대

미국 포드자동차의 사장 헨리 포드 2세는 이탈리아의 페라리를 넘어설 고성능 명차 개발을 지시한다. 목표는 당시 최고의 인기를 구가하던 세계 최고의 레이싱 대회 '르망24'에서 우승하는 것. 포드 사장의 지시를 받은 리 아이어코카(훗날 크라이슬러 사장)는 르망24 우승 경험자이자, 차량 제작자로 변신한 캐롤 셸비, 카레이서이자 엔지니어인 켄 마일스와 의기투합해 고성능 차 개발에 나선다. 수많은 시행착오 끝에 레이싱카 'GT40' 개발에 성공한 포드는 1966년 마침내 르망24에서 명차의 상징 페라리를 제치고 우승한다. 당시 드라마틱한 스토리는 2019년 영화 〈포드 대 페라리(Ford V Ferrari)〉로 일반인에 널리 알려졌다.

페라리를 능가하는 명차를 만들라고 지시한 헨리 포드 2세의 할아버지는 '자동차 왕'으로 불리는 헨리 포드다. 그는 20세기 초 '모델T'라는 표준화된 자동차를 개발해 컨베이어 벨트 시스템을 통한 대량 생산을 시작했다. 모델T는 1927년까지 무려 1,500만 대 넘게 생산됐다. 부유층의 소유물이었던 내연기관 자동차가 대중화된 것은 전적으로 '포디즘'이라 불리는 대량 생산 시스템의 도입 덕분이다.

대량 생산의 시초였던 포드는 반세기가 지난 1960년대 고성능 차 개발에 성공하며 기술 수준을 높였고, 또 다른 반세기가 지난 20세기에 들어서도 미국을 대표하는 글로벌 기업으로 명성이 여전하다. 10년만 지나도 판도가 확 바뀌는, '졸면 죽는다'는 말이 나올 정도로 생존 경쟁이 일상화된 전자나 IT(정보기술) 산업과는 경쟁 구도 자체가 다르다.

럭셔리 브랜드 '링컨'을 산하에 둔 포드자동차의 현재 주요 주주는 뱅가드를 비롯한 펀드들로 바뀌었지만, 2020년까지도 포드 창업자의 4세인 윌리엄 포드 주니어가 회장(Executive Chairman)을 맡으며 주요 경영 의사 결정에 참여하고 있다. 이미 1960년대 고성능 차의 대명사로 불렸던 페라리 역시 수많은 도전을 이겨내고, 지금까지 명성을 굳건히 지키고 있다.

치열한 기술 개발, 디자인 혁신이 밑바탕에 깔려 있기는 하지만, 100년 장수 기업 포드는 자동차업계가 산업 태동기부터 성숙기에 이르기까지 얼마나 오랜 기간 동안 그들만의 리그를 지켜왔는지를 단적으로 보여준다.

미국의 GM, 포드, 크라이슬러, 일본의 도요타, 닛산, 혼다, 독일의 폭스바겐, 메르세데스-벤츠, BMW, 프랑스의 르노, 푸조시트로앵(PSA), 이탈리아의 피아트, 페라리 등 주요 국가 자동차 회사들은 비록 주인은 바뀌었을망정 브랜드와 명성은 예나 지금이나 별반 바뀐 것이 없다. 1999년과 2019년 글로벌 톱 카 메이커 리스트를 비교해도 순위만 바뀌었을 뿐 새롭게 상위권에 진입한 기업은 찾아보기 힘들다.

선진국 대표 기업들이 그들만의 리그를 형성한 글로벌 차업계에 새롭게 부상한 유력 기업은 인구 10억 명 이상의 거대한 내수 시장을 가진 중국이나 인도의 몇몇 회사, 그리고 한국의 현대·기아자동차 정도밖에 없다.

이처럼 오랜 기간 과점 체제를 유지해온 것은 워낙 거대한 투자가 필요한 장치 산업인 데다 전후방(판매망, 서비스, 부품) 효과가 워낙커 정부의 전폭적인 지원이 필요한 산업 특성 때문이다. 고용 측면에서도 전자 산업과는 비교할 수 없을 만큼 엄청난 데다 어느 한 곳이 멈추면 공장 전체가 멈추는 생산 라인의 특성상 노조의 힘이 센 것도 진입 장벽을 높이는 요소다.

자동차 산업에 본격적인 변혁의 물결이 밀려오기 시작한 것은

1990년대 중후반부터다. 글로벌 기업 간 치열한 경쟁에서 밀려나는 곳들이 생겨나면서 이합집산을 통한 '거대 그룹화'가 진행됐다. 얼라이언스(연합)에 참여하지 못하면 도태된다는 위기감이 휩쓸었다. 외톨이가 되면 제조원가는 물론 글로벌 판매망에서도 경쟁력을 갖기 어렵다는 주장이 고개를 들었다. 글로벌 기업 간 인수합병과 지분 참여 형태의 전략적 제휴가 곳곳에서 이뤄졌다.

1999년 프랑스 르노가 경영 위기에 빠진 일본 닛산에 손을 내밀며 르노-닛산 얼라이언스가 탄생했고, 2016년엔 연비 조작 사태에 휩쓸린 미쓰비시자동차까지 얼라이언스로 편입시켰다. 2019년 르노와 닛산 사이에 난기류가 생기고, 프랑스와 일본 정부까지 가세하면서 갈등의 골이 깊어지고 있긴 하지만, 2020년까지 여전히 자본 제휴 관계는 유지 중이다. 이에 앞선 1998년엔 독일의 메르세데스-벤츠가 미국 빅3 가운데 하나였던 크라이슬러와 한 몸이 됐다. 이후 크라이슬러는 다임러와 결별하고, 이탈리아의 피아트와 피아트크라이슬러오토모티브(FCA) 그룹으로 재편됐다.

이즈음 외환위기를 겪은 한국에서는 현대자동차가 기아자동차를 인수하고, 대우자동차가 GM에, 삼성자동차가 르노에 매각되는 등 격동의 시기를 겪었다. 미국의 '빅3' GM, 포드, 크라이슬러는 2008년 글로벌 금융위기로 인한 극심한 경영 악화로 생존에 위협을 받았으나, 정부 지원과 구조조정으로 단기간에 되살아나는 저력을 보였다.

전대미문의 글로벌 금융위기 당시 차업계는 수요 감소로 인한 충격을 받았지만, 10억 명이 넘는 인구를 가진 중국과 인도 시장의 폭발적인 수요와 잠재력, 그리고 동남아시아 신흥 시장을 개척해 나가며 위기를 벗어났다. 글로벌 톱 브랜드의 명성과 영향력은 여전했고, 그들만의 리그는 계속되는 듯했다.

그런데 글로벌 금융위기에서 벗어난 지 10년 후 글로벌 자동차 시장은 이전 100년과는 전혀 다른 차원의 대변혁 조짐을 보이고 있다. 글로벌 금융위기와 같은 갑작스러운 쇼크 상황이 아닌데도 세계 각국에서 차 수요가 급격히 둔화되는 현상이 목격되고 있는 것이다. 이 때문에 100여 년 이상 지속돼온 차 산업의 성장이 조만간 정점을 찍고 내리막을 걸을 것이라는, 이른바 '피크 카' 주장이 곳곳에서 튀어나오고 있다.

피크 카는 차 산업의 대변혁이 일시적인 현상이 아니라 구조적이고, 복합적인 요인에 의해 발생하고 있다는 점에서 거론된다. 핵심은 자동차가 마차와 말을 제치고 이동의 핵심 수단으로, 그리고 없어서는 안 될 생활 필수품으로 자리 잡은 지 100년 만에 굳이 소유하지 않아도, 전혀 불편함이 없는 시대로 접어들고 있다는 것이다. 전 세계 자동차 수요가 포화 상태에 이르러 성장할 여지가 점점 줄고 있다는 징후는 인구 구조와 라이프 스타일의 변화, 그리고 기술 발전 등 여러 측면에서 포착된다.

전 세계 인구는 급속히 고령화되고 있고, 대중교통 중심의 도시 인구 집중은 날이 갈수록 심화되고 있다. 이미 여러 조사에서 인간의 평균 이동 거리가 줄고 있다는 분석 자료가 쏟아진다.

자율주행차 기술과 공유형 모빌리티 산업의 급속한 진전은 이러한 사회 변화를 가속화시키는 핵심 기술을 제공했다. 차는 이제 소유가 아니라 공유라는 인식이 급속하게 자리 잡고 있다. "우버나 그랩을 타고 다니면 되지 촌스럽게 차를 왜 사느냐", "굳이 시간과 돈을 들이며 왜 운전면허를 취득해야 하느냐"고 되묻는 사람들이 점점 늘어난다. 산업 발전이 더뎌 개인 소유의 차가 선진국에 비해 많지 않은 신흥 시장이나 프론티어 시장에서는 차 소유 시대를 건너뛰고, 곧장 공유 시대로 넘어갈 가능성도 있다. 마치 통신망 구축이 늦어진 나라가 유선 전화 시대를 건너뛰고, 무선 모바일 시대를 준비하는 것처럼 말이다. 피크 카 쇼크는 시간의 문제일 뿐 결국 닥칠 수밖에 없는 현실이라는 사실이 점점 명확해진다.

소유한 차는 평일 출퇴근 시간과 주말여행 외에는 아무 일 없이 주차장에 머물러 있지만, 공유된 차는 하루 종일 누군가를 태우고 이동한다. 하루 평균 2~3시간 움직이던 차가 24시간 움직이는 것이다. 차를 많이 팔아야 하는 입장에서는 수요 절벽 재앙이 아닐 수 없다.

상상을 초월한 기술 경쟁은 생각보다 빠른 시일 내에 운전기사조차 없는 자율주행 차량이 '도어 투 도어(Door to Door)' 이동 수단을 제공하는 시대를 열 것이 자명하다. 그리고 이 모든 이동 수단은 전동화를 기본 기술로 탑재하게 될 것이다. 2차 전지를 탑재한 전기차는 내연기관차에 비해 부품 수가 현저히 적다. 완성차뿐 아니라 차 생태계 전반에 영향을 미친다는 얘기다.

내연기관의 발명과 함께 발전을 거듭해온 자동차 산업은 이제 기본 뼈대와 인식 자체를 바꿔야 하는 운명을 피할 수 없게 됐다. 마치 쓰나미가 덮친 것처럼 사라지는 차 산업의 일자리는 대변혁이 이미 곳곳에서 시작됐음을 알린다.

미국의 GM은 금융위기 10년 만인 2018년 말 북미 지역 공장 5곳을 포함해 전 세계 공장 7개를 폐쇄하고, 직원 8%를 감원하겠다고 선언했다. 감원 규모는 1만 4,000명에 달한다. 포드 역시 2019년 사무직 직원의 10%인 7,000명을 감원하겠다는 계획을 발표했다. 웬만하면 종신 고용을 유지하는 닛산, 혼다 등 일본 자동차 회사에서도 글로벌 감원 얘기가 흘러나오고 있다.

독일의 폭스바겐, 메르세데스-벤츠, BMW도 최소 수천 명의 감원 계획을 속속 내놓고 있다. 독일 정부 산하 '미래 모빌리티를 위한 국가플랫폼(NPM)'은 2020년부터 2030년까지 10년 동안 독일 자동차 산업에서 일자리 41만 개가 사라질 것이라는 전망을 내놨다. 차업계의 구조조정은 일시적인 현상이 아니라 구조적인 현상이다.

감원과 동시에 글로벌 톱 플레이어들의 전략적 제휴와 연합 전선 구축은 그 어느 때보다 강도를 더해간다. FCA는 2019년 말 PSA과 합병을 선언했다. 이에 앞서 FCA가 르노-닛산 얼라이언스와 합병을 추진한다는 소식도 흘러나왔었다. 일본은 도요타를 중심으로 한 연합 전선이 강해졌다. 도요타는 스즈키, 스바루, 마쓰다 등 주요 완성차들과 자본 제휴를 맺고, 공동 연구개발(R&D)을 강화했다. 일본 자동차 업계는 혼다, 닛산을 제외하곤 도요타 중심 체제가 한층 견고해졌다.

2020년 들어 점점 강도를 높여가는 글로벌 자동차 회사들의 대대적인 구조조정과 감원, 그리고 적과의 동침은 경기 침체기를 이겨내고, 경기 반등을 대비하는 경기순환론적인 관점이 아니라 피크 카로 인한 패러다임 전환기에 생존하기 위한 몸부림이다.

대대적인 감원과 공장 폐쇄 등 구조조정을 진행하면 한동안은 투자를 줄이고 몸을 사리는 것이 일반적인 현상이었지만, 이제는 양상이 사뭇 다르다. 전례 없는 감원과 예산 절감 와중에도 자율주행차, 공유 모빌리티, 인공지능, 전동화 등 모빌리티 관련 신기술 투자와 인수합병(M&A)에는 돈을 쏟아 붓는다. 심지어 미래 공상과학 영화에 나올 법한, 규모의 경제를 이룰 만한 상용화가 가능할지도 아직 조심스러운 PAV(개인용 비행체) 개발에도 아낌없이 돈을 쓴다.

소유의 시대에서 공유의 시대로 넘어가면 자동차 산업도 IT 산업에서 나타났던 현상이 재현될 가능성이 있다. 컴퓨터가 처음 발명되고, 개인용 컴퓨터(PC)가 보편화되던 시기에 IBM, 컴팩, HP, 델컴퓨터

■ 푸조시트로엥그룹과 피아트크라이슬러오토모티브의 전 세계 판매량 (2018년 기준)

20%

37%

8%

870
만 대

35%

● 승용차　　● SUV　　● 미니밴　　● 상용차

	최고급	고급	양산형 브랜드		
			SUV	미니밴 포함 승용차	상용차
피아트크라이 슬러오토모티브 (FCA)	마세라티	알파 로메오	지프	피아트, 란치아, 닷지, 크라이슬러	램, 피아트 프로페셔널
푸조시트로엥 그룹(PSA)		DS 오토모빌		푸조, 시트로엥, 오펠, 복스홀	

〈자료: PSA〉

처럼 컴퓨터를 제조하는 회사들이 IT 산업을 평정하던 때가 있었다. 하지만 마이크로소프트(MS)를 필두로 한 소프트웨어(SW) 회사들이 플랫폼을 장악하면서 제조에만 몰두하던 회사들은 약간의 이익을 내며 근근이 버티는 하청업체 수준으로 전락하거나, 몰락의 길을 걸었다. 재빠르게 제조에서 서비스로 변신한 일부 기업들만 살아남았을 뿐이다.

IT와는 산업 특성이 완전히 다르긴 하지만 자동차 제조업체들도 패러다임 전환기 혁신에 뒤쳐지면 우버, 그랩, 디디추싱 같은 공유 플랫폼과 구글, 아마존처럼 이 세상 모든 데이터를 손에 쥔 플랫폼 괴물의 제조 하청업체 수준으로 위상이 추락할 수도 있다. 글로벌 자동차들의 동시다발적인 감원과 합병 연합, 그리고 대대적 신규 투자는 역설적으로 그들만의 리그는 이제 저물고 있다는 것을 스스로 깨닫고 있다는 것을 방증한다.

석유 권력의 붕괴, 피크 오일

"늦어도 2045년부터 전 세계 원유 수요가 줄어든다."

많은 언론과 투자자들은 사우디아라비아의 국영 석유 기업 아람코가 2019년 11월 공개한 투자 안내서에 담긴 두 가지 시나리오에 주목했다. 전 세계 원유 수요의 12%를 차지하는 거대 기업 아람코가 원유 시장 수요가 수년 내 '정점(Peak)'에 다다를 것이라는 전망을 처음으로 내놨기 때문이다. 아람코가 제시한 첫 번째 시나리오는 전 세계 원유 수요가 2040년 정점을 찍고 2045년부터 감소할 것이라는 내용이었다.

두 번째 시나리오는 이보다 빠른 2025년 정점, 2030년 수요 감소다. 아람코는 기후 변화 규제를 통해 원유 수요가 줄어들 수 있다는

■ 아람코 예측 전 세계 석유 수요 전망 (수요 정체 시나리오)

공급 (1일 100만 배럴)　　　　　　　　　　　　　　　　사우디아라비아 비중 (%)

● 사우디아라비아　　● 나머지　　━ 세계 시장 대비 사우디아라비아 비중

〈자료: 아람코〉

■ 아람코 예측 전 세계 석유 수요 전망 (수요 감소 시나리오)

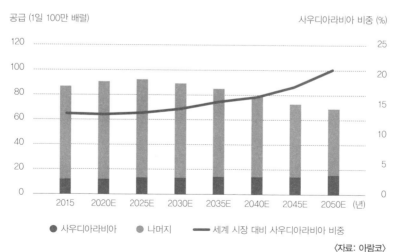

공급 (1일 100만 배럴)　　　　　　　　　　　　　　　　사우디아라비아 비중 (%)

● 사우디아라비아　　● 나머지　　━ 세계 시장 대비 사우디아라비아 비중

〈자료: 아람코〉

점, 대체 에너지 개발이 빠르게 진행되고 있는 점 등을 토대로 원유 수요가 감소하는 시기가 예상보다 앞당겨질 수 있다고 내다봤다.

2019년 2월, 아민 알 나세르 아람코 최고경영자(CEO)와 칼리드 알 팔리 전 사우디아라비아 석유장관의 "피크 오일을 우려하지 않는다"는 발언, 2019년 4월 아람코가 채권을 매각할 때 발행한 안내서에 담겼던 '2030년 원유 수요 전망치'의 "원유 수요 감소는 없다"는 내용과 비교하면 불과 6개월 사이에 대조적인 전망치를 내놓은 것이다.

비슷한 보고서도 연달아 나오기 시작했다. 2019년 11월, 국제에너지기구(IEA)의 〈세계 에너지 전망 보고서〉도 전 세계 원유 수요 증가율은 향후 10년간 더디게 늘어나다가 2030년부터 멈출 것으로 전망했다.

시기에 대한 차이는 조금씩 있지만 최근 발표되는 에너지 수급 전망에는 모두 공통점이 있다. 석유 매장량에 상관없이 글로벌 석유 수요는 줄 것이라는 예측이다. 이른바 '피크 오일' 시대의 도래다. 최근 이야기하는 피크 오일은 1970년대 등장한 '석유 매장량 감소'와는 의미가 다르다. 당시 피크 오일은 석유 매장량이 줄면서 유가가 오른다는 뜻이었다면 지금은 매장량은 충분하지만 수요가 정점을 찍는, 다시 말해 석유의 사용량이 감소한다는 의미다. 이와 함께 석유가 갖고 있는 '힘' 또한 조금씩 약해지고 있다.

증기기관의 등장과 함께 세상을 바꾼 '1차 산업혁명' 당시 경제 성장을 뒷받침하던 원료는 '석탄'이었다. 자급자족, 소규모 생산 경제에서 동력을 이용한 대규모 생산 시대로의 전환에 나무보다 열량이 뛰어났던 석탄은 없어서는 안 될 존재였다. 19세기 초 전 세계 에너지원의 대부분은 석탄이 차지했다.

19세기 중반부터 20세기에 걸쳐 2차 산업혁명이 진행되면서 석탄의 시대가 저물었다. 곧바로 등장한 것은 석탄보다 연료 효율이 높고 이동성도 편리했던 석유였다. 석유 시대는 미국의 헨리 포드로부터 시작된 자동차 대량 생산과 함께 빠르게 우리 생활 곳곳으로 파고들기 시작했다. 1950년대 플라스틱의 대량 생산 또한 전 세계 경제의 석유 의존도를 강화시키는 계기가 됐다. '플라스틱스 유럽'에 따르면 1950년 150만 톤에 불과했던 전 세계 플라스틱 생산량은 1977년 5,000만 톤, 1989년 1억 톤으로 급증했다. 우리가 입고 있는 옷을 비롯해 완구, 주방용품, 고무 등 일상생활에서 사용하는 제품 대부분이 석유를 이용해 만든다. 석유를 '현대 사회의 피'라고 부르는 이유다.

석유가 전 세계 경제를 떠받치는 존재가 되면서 석유 시장을 휘두르는 기업들이 나타나기 시작했다. 1950년대를 전후로 미국 스탠더드오일 뉴저지, 스탠더드오일 뉴욕, 스탠더드오일 캘리포니아, 텍사코, 걸프오일, 로열더치쉘, 브리티시 페트롤륨(BP) 등 거대 석유 기업 7곳이 전 세계 석유 시장의 지배자로 떠올랐는데 시장에서는 이들을 가리켜 '7공주파'라고 불렀다.

석유 사용량이 점점 늘어나면서 영미권을 중심으로 한 7공주파의 지배력도 강화되자 1960년에는 중동 산유국을 중심으로 OPEC(국제석유기구)이 출범하게 된다. OPEC은 '제4차 중동 전쟁'으로 불리는 '욤 키푸르' 전쟁이 발발한 1973년 10월, 석유 공시 가격을 배럴당 3달러에서 5달러로 끌어올렸고 서방 국가를 대상으로 한 수출 중단 조치를 통해 원유 물량을 좌지우지 하면서 석유 시장의 절대 강자로 떠올랐다. 현재 기준으로 보면 배럴당 14달러에서 55달러로 원유 가격을 4배 가까이 올린 셈이었다. OPEC의 조치로 전 세계는 '오일 쇼크'에 빠지면서 경기 침체와 인플레이션에 직면했고 성장률은 급감했다. 급격한 성장기에 있던 한국 또한 1973년 14.8%에 달했던 경제 성장률이 오일 쇼크로 인해 1974년 9.8%, 1975년 7%대로 절반 가까이 떨어졌다.

1970년대부터 1980년대에 연거푸 발생한 오일 쇼크는 석유가 갖고 있는 힘이 얼마나 대단한지를 보여줬다. 석유가 세계 경제를 지배한다고 해도 과언이 아니었다. 오일 쇼크로 피해를 입은 국가들은 대안을 찾기 시작했다. 미국을 비롯해 한국과 같은 원유 수입국들은 원유 비축 물량을 늘려나갔으며 멕시코를 중심으로 한 남미 국가들은 자국이 보유한 원유 생산량을 늘리면서 국제 시장에서 자신들의 지위를 다져나가기 시작했다. 석유 생산량이 늘면서 1980년대 이후부터는 원유 가격이 지속적으로 하락했다. 특히 1985년부터 2000년까지는 유가가 배럴당 평균 20달러를 기록, 저유가가 이어졌다. 워낙 긴 시간 동안 저유가가 이어지자 이번에는 미국과 영국의 석유 기업과 멕시코, 베네수엘라, 옛 소련 등 산유국들의 재정 수입이 줄면서 위기에 처하는 일이 발생했다. 1998년 유가가 10달러까지 떨어졌을 때 결국 전 세계 석유 기업들은 적극적인 인수합병을 통해 시장 장악력을 높이는 방안을 택했다. 엑손과 모빌이 합병해 엑손모빌이, 스탠더드오일 캘리포니아와 텍사코, 걸프오일이 쉐브론으로, BP와 이모코, 아르코가 BP로 합병되는 등 지각변동이 일었다. 이후 2000년대 들어서면서 미국과 유럽의 메이저 석유 기업들에 대항하는 '신7공주파'가 탄생했다. 영국 〈파이낸셜타임즈〉가 선정한 신7공주파에는 사우디 아람코와 가즈프롬(러시아 국영 에너지 회사), 중국 국영석유회사(CNPC), 베네수엘라 국영석유회사(PDVSA), 이란 국영석유회사(NIOC), 브라질 국영석유회사(페트로브라스), 말레이시아 국영석유회사(페트로나스) 등이 이름을 올렸다. 이들은 넉넉한 매장량과 생산량으로 미국과 영국 등 그동안 석유 시장을 주름잡던 석유 기업을 압도하는 존재로 급부상했다.

2000년 이후 브라질과 러시아, 인도, 중국으로 대변되는 브릭스(BRICs) 국가들의 경제 성장도 신7공주파의 성장에 영향을 미쳤다. 2000년대 들어서며 유가는 이들의 경제 성장과 함께 조금씩 오르기 시작했다. 2008년 리먼 브라더스 사태 직전 유가는 무려 100달러를 기록하며 신7공주파는 떼돈을 벌여들었다. 하지만 경제 발전 시기, 여러 석유 기업과 산유국들이 많은 투자를 하면서 원유 생산량이 급증했고 추가로 여러 가스전과 유전까지 개발되면서 2014년 이후 공급 과잉이 발생했다. 결국 유가는 다시 하락세로 돌아섰다. 석유가 남아돌기 시작하면서 석유가 갖고 있는 힘 또한 조금씩 약해지던 시기가 바로 이때였다.

신7공주파에 이어 미국발 셰일 혁명이 찾아왔다. 1970년대 오일 쇼크를 겪은 뒤 미국에서는 석유를 대체할 수 있는 신규 에너지원에 대한 관심이 높아졌다. 1979년 지미 카터 대통령이 백악관 지붕에 태양광 패널을 설치한 것은 당시 대체 에너지를 찾겠다는 미국의 의지를 보여주는 상징적인 사례로 꼽힌다. 미국은 19세기부터 그 존재를 알고 있었던 셰일가스에 주목했다. 퇴적암을 뜻하는 셰일 지층에 분포돼 있는 천연가스, 석유를 뜻하는 셰일가스는 채굴 기술의 발달과 함께 1999년 첫 시추에 성공했고 이후 꾸준히 생산량이 늘기 시작했다. 셰일가스는 전 세계가 석유 의존 경제 체제에서 벗어나는 데 결정적인 역할을 했다. 2014년 이후 미국이 셰일가스를 본격적으로 채굴해 판매하기 시작했고 이 과정에서 OPEC을 중심으로 한 산유국이 세계 경제에서 차지하는 위상은 떨어지기 시작했다. 사우디아라비아를 비롯한 중동 산유국들은 원유 '치킨 게임'을 벌이면서 셰일가스에 대항했지만 큰 효과를 발휘하지 못했다. 오히려 원유 생산성이 떨어지는 산유국들이 큰 타격을 입었을 정도였다.

2012년 이후 석유화학업계에서는 셰일가스 등장으로 석유화학 산업이 가스화학 산업으로 전환될 것이라는 전망이 나오기 시작했고 실제 미국을 비롯한 많은 석유화학 기업들은 석유 대신 셰일가스를 기반으로 석유화학제품을 만드는 설비를 늘리면서 산업에서도 탈석유 바람이 불었다.

셰일 혁명으로 인한 중동 산유국의 지배력 약화는 국내 정유업계가 들여오는 원유 비중에서도 그대로 드러난다. 2016년 이후 미국이 셰일오일 수출을 시작한 가운데 국내 정유사들은 안정적인 원유 수급을 위해 수입처 다변화에 나서면서 2019년, 셰일가스 기반의 미국산 원유 도입량이 사상 최고치를 기록했다. SK이노베이션은 2017년 2%에 불과했던 미국산 원유 도입률을 2018년 11%로 끌어올린 데 이어 2019년 20%까지 증가시켰다. GS칼텍스 또한 2016년 미국산 원유 도입 비중은 전체 수입량의 1%에 불과했지만 2017년 2%, 2019년 18%로 늘렸다. 현대오일뱅크 역시 2017년 1%에서 2019년 16%로 증가했다.

반면 중동산 원유 수입량은 2019년 GS칼텍스와 SK이노베이션이 70%대로, 현대오일뱅크는 49%로 떨어트리면서 사상 최소치를 기록했다. 이 같은 변화는 비단 한국에서만 일어나지 않는다. 미국이 2010년 이후 남아도는 셰일가스 수출을 시작하면서 한국뿐 아니라 유럽과 일본의 많은 기업들은 석유 대신 가스 중심의 설비를 늘리기 시작했다. 중국 또한 석유 대신 자국 및 인근 국가에서 수입하는 가스를 에너지원으로 사용하면서 석유 의존도를 낮추고 있다.

휘발유와 경유를 사용하는 자동차 산업의 폭발적인 성장은 석유의 위상을 높이는 데 가장 큰 영향을 미친 요인으로 꼽힌다. 하지만 2010년 이후, 자동차 산업의 패러다임이 조금씩 바뀌기 시작했다. 지구온난화를 비롯해 '지속가능한 발전', '지속가능한 경영' 등이 화두로 떠오르면서 친환경에 대한 가치가 주목받기 시작했다. 이와 함께 등장한 것이 전기차(EV)다. 하이브리드(HEV) 차량이 하나둘 콘셉트카로 출시되더니 배터리 기술의 급속한 발전과 함께 테슬라와 같은 기업이 나타났다. 수소연료전지차(FCEV)도 등장했다.

국제에너지기구에 따르면 2017년 기준 전 세계 석유 수요에서 자동차가 차지하는 비중은 23%에 달한다. 여기에 항공 · 선박(12%), 트럭(17%)까지 합하면 수송 분야가 사용하는 석유는 전체의 52%를 차지한다. 수송 부문에서 석유가 차지하는 비중은 이처럼 절대적이다. 전기차의 등장과 배터리 기술의 발전은 셰일가스와 함께 탈석유 시대를 가속화시키는 요인으로 작용했다.

2019년 11월부터 본격적으로 시작된 사우디 아람코의 기업 상장(IPO) 절차 또한 이처럼 약화되는 석유 권력을 대비하기 위함이다. 아람코는 상장으로 모은 투자금을 석유 의존형 경제에서 탈피하기 위해 추진하고 있는 '비전2030' 프로젝트에 투입한다는 방침이다. 사우디아라비아의 비전2030은 장기적으로 줄어드는 원유 수요와도 관련이 있다. 원유만 판매해서는 지속가능한 성장이 어렵다는 판단 때문이다.

중동에서 이처럼 '포스트 오일' 시대를 대비하는 나라는 비단 사우디아라비아뿐만이 아니다. 카타르를 비롯해 아랍에미리트(UAE), 이집트 등 원유를 팔아 부국이 됐던 중동의 많은 국가들이 제조업을 비롯해 보건·의료, 정보통신기술(ICT)과 같은 첨단 기술에 눈을 돌리고 있다. 2022년 월드컵 개최를 앞두고 있는 카타르는 '국가비전 2030' 프로젝트를 진행 중이다. 2008년 발표된 국가비전 2030은 에너지 산업에서 발생하는 수익을 비에너지 사업에 투자해 사업 다각화를 추진한다는 카타르의 중장기 국가 발전 계획이다. 2008년 이후 카타르 정부는 5년마다 국가 발전 전략을 수립해 이전 추진 과정을 되돌아보고 현실 가능한 전략을 세워나가고 있다. KOTRA에 따르면 카타르는 2019년 외국인 투자법을 개정하는 법안을 승인하기도 했다. 외국인 투자자는 모든 산업 분야에 100% 지분 투자가 가능하며, 상장 회사의 지분을 49%까지 취득할 수 있게 됐다.

이집트도 2015년 근대화, 개방화, 생산성 강화 등의 내용을 담은 '지속가능 발전 전략 2030'을 발표했다. GDP(국내총생산) 중 제조업 부가가치 비중을 12.5%에서 2030년까지 18%로 확대하고 제조업 성장률은 10%로 이전보다 두 배 가까이 높인다는 계획이다. 실업률은 2015년 12.8%에서 5%로 낮추고, 여성 노동 참여율은 22.8%에서 35%로 높이기로 했다. 쿠웨이트는 '비전 2035'를 통해 중동의 무역 금융 중심지를 목표로 인재 육성 및 의료, 신재생 에너지 인프라 개발에 나서고 있으며 바레인 또한 '비전 2030'을 통해 질적 성장, 자원 의존도 감소, 공공 부문 인프라 확대 등을 추진하고 있다. 오만도 2020년 1월 '비전2040'을 발표하고 탈석유 산업을 위한 경제 다각화를 추진하고 있다.

여러 산업이 조금씩 석유 의존도를 줄여나가면서 자연스럽게 석유가 갖고 있는 힘 또한 붕괴되고 있다. 석유로 부자가 된 국가들은 앞다퉈 탈석유를 위한 프로젝트를 가동하고 있다. 미국은 원유가 아닌, 셰일가스 추출과 함께 경제 호황기를 누리고 있다. 변화는 이미 시작됐으며 나아가야 할 방향도 정해졌다. 피크 오일 시대, 석유가 갖고 있던 강력한 권한은 조금씩 무너지고 있다.

조선·항공·해운 구조조정, 이동이 줄어든다

한때 거제도에서는 '개도 1만 원짜리를 물고 다닌다'는 우스갯소리가 유행이었다. IMF 외환위기 직후부터 시작된 조선업 호황이 10년간 이어지며 사람과 돈이 몰려들 때의 얘기다. 당시 거제도는 잘나가는 조선소들 덕에 호황을 구가했다. 한국의 1인당 GDP가 갓 2만 달러를 넘겼던 2006년, 거제도의 1인당 GDP는 이미 3만 달러에 도달했다.

조선소마다 일손이 모자라 아우성이었다. 그 덕에 자고 일어나면 새 일자리가 생겼다. 일자리를 찾아 사람이 몰려들면서 거제시 인구는 매달 600명씩 늘어났다. 소아과 의원이 속속 개업했고, 대형 마트는 몰려든 인파들로 발 디딜 틈이 없었으며, 시내 횟집은 횟감이 떨어져 일찍 장사를 접기 일쑤였다. 명절 땐 쇼핑몰의 와인세트가 동이 났다. 하루가 멀다 하고 유명 브랜드 아파트들이 분양에 나섰고, 새로 들어선 아파트에는 은행과 증권사 입점이 줄을 이었다. 이상은 2008년 5월 〈매일경제〉의 거제도 르포 기사가 전하는 당시의 모습이다.

하지만 거기까지였다. 언제까지 계속될 줄 알았던 조선업 호황은 그해 가을 터진 미국발 글로벌 금융위기로 끝이 났다. 슬금슬금 수주 물량이 줄기 시작하더니 선박 가격이 추락했고, 기존 수주 물량의 계약 해지가 잇따랐다. 2010년대 초반 다시 호황이 찾아왔으나 반짝 호황에 그쳤다. 이후 중국 업체들의 저가 공세에 밀려 선박 수주가 급감하면서 위기가 본격화됐다. 세계 1위 조선업체 현대중공업마저 2014년 3조 원이 넘는 적자를 냈을 정도다. 이후 국내 조선업계는 세계 1위 자리를 중국에 내준 채 본격적인 구조조정에 들어갔다.

2020년, 한국 조선업은 기술력을 바탕으로 대형 액화천연가스(LNG) 운반선 수주를 싹쓸이하며 2018년부터 중국에 빼앗겼던 세계 1위 자리를 되찾아왔지만, 구조조정은 여전히 현재 진행형이다. 2019년 한국 정부와 KDB산업은행이 전년도 기준 수주 잔량 세계 1·2위를 차지했던 현대중공업과 대우조선해양의 합병을 발표한 것이 대표적인 사례다.

인력 감축도 진행 중이다. 대우조선해양이 정년이 10년 미만으로 남은 사무·생산직을 대상으로 2019년 12월 31일부터 2주간의 일정으로 희망퇴직을 접수했고, 삼성중공업은 그에 앞서 2019년 11월 해양 · 조선 부문 상관없이 전 직원을 대상으로 희망퇴직을 실시했다. 삼성중공업은 2016년부터 2018년까지 자구 계획안의 일환으로 희망 퇴직을 진행한 후 상시 체제로 전환했다. 양사는 2019년 3분기 기준 각각 2,563억 원, 3,120억 원의 영업 손실을 내는 등 실적 부진을 좀처럼 탈피하지 못하고 있다. 불황기 저가에 수주한 물량을 본격적으로 건조하고 있는 데다 애물단지였던 원유시추선(드릴십) 인도 계약이 취소되는 등 악재가 거듭된 탓이다.

한국 조선업을 위기로 몰아넣은 중국 조선업은 더 혹독한 시련을 겪었다. 영국의 조선 · 해운 분석기관 클락슨에 따르면 2015년 조선업 세계 1위에 오른 지 채 2년이 되지 않아 중국 조선소 가운데 75%가 '수주 절벽'에 부딪혀 문을 닫았다. 특히 정부로부터 별다른 지원을 못 받는 민간 기업들은 85%가 문을 닫았다.

급기야 중국 정부는 자국 조선업의 공멸을 막기 위해 구조조정에 나섰다. 2019년 11월 자국 1위 조선사인 중국선박공업(CSSC)과 2위 조선사인 중국선박중공(CSIC)을 합병, 중국선박공업그룹(CSG)이라는 '슈퍼 공룡'을 탄생시킨 것이다. CSG는 산하에 무려 147개 연구기관과 사업 부문, 상장 기업 등을 거느리고 있으며 총자산 규모는 7,900억 위안(133조 원)에 달한다. 임직원 수는 31만 명이나 된다.

한국과 중국 조선업계가 합병 등으로 구조 개편에 나서자 일본 조선업체들도 손을 맞잡고 있다. 일본 최대 조선업체인 이마바리(今治)조선과 2위 업체인 재팬마린유나이티드(JMU)가 2019년 11월 30일 자본·업무 제휴에 합의했다. 출자 비율과 제휴 내용은 2020년 3월까지 확정하기로 했다. 두 업체는 공동으로 출자해 상선 설계나 업무를 담당하는 새로운 회사를 만들고 생산 체제를 효율화할 것으로 보인다. 특히 자율 운항 등의 기능을 갖춘 스마트십 분야에서 협력을 강화할 것으로 예상된다.

2008년 글로벌 금융위기 발발 이후 세계 조선업계가 겪어온 불황과 구조조정의 배경에는 피크 쇼크가 있다. 글로벌 금융위기 이후 저성장 기조가 고착화되고, 이로 인해 보호무역주의가 득세하면서 자본과 상품의 자유로운 이동이 제약받기 시작했고(Peak Globalization, 피크 글로벌라이제이션), 그 결과 글로벌 교역량 증가세가 둔화된 것이다. 이와 관련해 영국 주간지 〈이코노미스트〉는 글로벌 금융위기를 기점으로 '슬로벌라이제이션(Slowbalization)'이라는 새로운 흐름이 탄생했다고 분석했다. 슬로벌라이제이션은 '느린(Slow)'과 '세계화(Globalization)'의 합성어로, 세계 각국이 각자도생에 나서면서 교역과 투자 등이 축소되는 현상을 말한다.

2000년대 초반 세계 경제는 세계화의 진전으로 유례없는 호황을 누렸다. 다국적 기업들은 노동 비용이 저렴한 곳에 제조 기지를 건설하고, 부품이나 중간재는 본국에서 생산해 수출하거나 다른 국가

나 생산지에서 조달하는 방식으로 생산 체계를 재구축했다. 이 과정에서 대규모 자본 이동이 발생했다. 유엔무역개발회의(UNCTAD)에 따르면 1990년대 초반 2,000억 달러 남짓이던 전 세계 외국인 직접 투자(FDI) 규모는 2000년 1조 3,000억 달러에 육박했다. 투자 지역도 1990년대를 기점으로 선진국에서 아시아와 라틴아메리카 등 개발도상국으로 이동했다.

이 같은 생산 체계 재구축은 필연적으로 글로벌 교역량을 폭발적으로 증가시켰다. 그 중심에는 중국이 있었다. 세계화의 최대 수혜를 입은 중국 경제는 이 기간 폭발적으로 성장하며 신흥국으로부터는 원자재를 빨아들였고, 선진국에는 중간재를 수입하고 완제품을 수출했다. 물동량의 급증은 해운업의 초호황으로 이어졌고, 이는 조선업의 초호황으로 이어졌다.

하지만 글로벌 금융위기는 이 모든 것을 바꿔 놨다. 금융위기 직후 몇 년 동안 위기 수습에 여념이 없던 세계 각국은 위기가 진정된 이후 위기의 원인을 내부가 아닌 외부에서 찾기 시작했고, 그 결과 상계관세 부과 등 수입 규제 조치가 늘어났다. 이는 글로벌 교역량을 위축시켰다.

실제로 금융위기 이전 세계 경제는 '교역 주도형'이었다. 2001년부터 2007년까지 전 세계 GDP 성장률은 4.4%인 데 비해 교역 증가율은 5.8%로 교역이 성장률을 견인하는 양상이었다. 하지만 2011년부터 2018년까지 GDP 평균 성장률은 3.6%인 반면 교역 증가율은 2.8%에 불과했다.

이 같은 추세는 지금도 이어지고 있다. 세계은행(WB)은 2020년 초 세계 경제 성장률 전망치를 발표하면서 전년도 6월에 제시했던 전망치(2.7%)를 0.2%포인트 하향 조정했다. 특히 한국 경제에 직접적 영향을 미치는 세계 교역 증가율이 2020년 1.9%에 머물 것으로 예상했다. 이는 2019년 6월 내놨던 전망치보다 무려 1.3%포인트나 하향 조정한 것이다. 세계은행은 당시 "세계 경제의 양대 기둥인 미국과 중국이 무역협상 1차 합의에 도달했으나 예상보다 부진한 무역, 투자 등으로 선진국과 신흥국의 성장세가 모두 약화될 것"이라며 전망치 하향 조정의 이유를 설명했다.

교역 증가율이 둔화되면서 글로벌 가치 사슬(GVC)도 변하고 있다. 완제품 제조를 담당했던 국가들이 소재, 부품의 자급 비율을 늘리기 시작한 것이다. 동북아시아의 경우 그동안은 한국이 일본에서 소재, 부품을 수입해 중간재를 생산하고, 중국이 이를 수입해 조립·가공함으로써 완제품을 만드는 방식으로 국가 간 분업이 이뤄졌지만, 2010년대 들어 중국이 수출 중심에서 내수 중심으로 성장 전략을 변경하면서 이 같은 구조에 변화가 시작됐다. 여기에 일본의 수출 규제가 촉발시킨 한일 갈등도 기존의 글로벌 가치 사슬 구도를 흔들고 있다. 이 같은 변화의 흐름은 다시 교역 증가율 둔화로 이어지고 있다.

현대상선이 운영하는 부산신항만터미널(HPNT)에서 화물 컨테이너를 하역하는 모습 〈자료: 현대상선〉

피크 쇼크로 인한 글로벌 교역 증가율 둔화는 조선업뿐만 아니라 국내 해운업과 항공업에도 시련을 안기고 있다.

해운업의 경우 국내 1위, 세계 7위 선사로 군림하던 한진해운이 업황 악화를 이겨내지 못하고 2016년 법정 관리를 신청했고, 이듬해 파산했다. 한국 대표 벌크선사인 STX팬오션과 대한해운은 법정 관리 후 타 기업에 매각됐다. 2008년 글로벌 금융위기 발발 이후 80여 개 해운사가 퇴출되거나 법정 관리에 들어갔다. 삼정KPMG경영연구원에 따르면 2014년 세계 5위였던 한국 해운업은 한진해운 파산 등의 영향으로 2018년 세계 7위로 추락했다. 2006~2015년까지 9년 연속 흑자를 기록했던 해상 운송 수지는 2016년 적자로 돌아섰고(13억 3,950만 달러), 2017년에는 적자 규모가 47억 8,010만 달러로 3.6배 급증했다.

항공업 역시 한일 관계 악화 등으로 직격탄을 맞으며 여객 수송이 급감하는 등 최근 업황 부진에 시달리고 있다. 매년 큰 폭의 성장세를 보여왔던 LCC(저비용 항공사)들의 경우 2019년 9월 6개사 합산 여객 수송량이 사상 최초로 전년 대비 역성장(-4.9%)을 기록했다. 화물 운송도 부진을 면치 못하고 있다. 반도체와 스마트폰, 디스플레이 등 항공 화물 수요가 많은 IT 제품 수출이 급감한 탓이다. 반도체의 경우 2019년 수출이 전년 대비 26%나 줄었고, 디스플레이 역시 17% 감소했다. 이에 따라 2019년 국내 항공사들의 화물 운송량은 390만 톤으로 전년(444만 톤) 대비 12%가 줄었다. 2016년 이후 3년 만의 하락세 전환이다.

여객 감소와 화물 운송 감소는 항공사들 실적에 치명타를 가하고 있다. 2019년 3분기 대한항공, 아시아나항공 등 FSC(대형 항공사)와 LCC 6개사 가운데 대한항공만이 유일하게 흑자를 기록했을 정도다. 아시아나항공이 HDC현대산업개발에 매각되고, 제주항공이 이스타 항공 인수를 전격 발표하는 등 구조조정도 잇따르고 있다.

피크 카 뒤에 자리한
S(공유)·E(전동화) 혁신

"금요일 아침 7시, 샤오미 인공지능 스피커가 단잠을 깨웁니다. 그 다음 위챗 메신저로 간밤에 쌓인 스마트폰 메시지를 확인합니다. 오전 7시45분. 디디추싱(滴滴出行) 애플리케이션을 켜 베이징 차오양 구에 있는 사무실까지 절 데려다 줄 택시를 호출하지요. 호출한 뒤 10분이면 차가 오고, 지각할 염려도 없이 늘 정해진 시간에 출근합니다."

2019년 4월15일 밤 중국 상하이에서 열린 '폭스바겐의 밤' 행사에서 첸 징 폭스바겐그룹차이나 커뮤니케이션팀 매니저는 자신의 금요일 일상을 이렇게 소개했다. 스스로를 중국의 평범한 30대 청년이라 밝힌 첸 매니저는 중국 인구의 38%를 차지하는 5억 3,000만 명의

2030 청년들이 호출형 택시 디디추싱을 일상적으로 소비하고 있다고 강조했다. 이날 밤 행사에 모인 전 세계 취재진은 세계 최대 자동차 기업 폭스바겐의 직원에게도, 중국의 여느 청년에게도 디디추싱으로 대표되는 공유 모빌리티 혁명이 깊숙이 뿌리내렸음을 새삼 목격했다.

이처럼 공유(Sharing) 모빌리티 혁신은 빠른 속도로 세계인의 일상을 파고드는 중이다. 차량 공유, 호출형 택시(승차 공유) 등 플랫폼 형태도 다양하다. 공유 모빌리티의 성장은 영속적 소유에서 일시적 공유로 나아가는 공유 경제의 한 단면이다. 하지만 자동차 기업들은 차량 소유가 정점을 찍는 '피크 카(Peak Car)' 시대를 살아남기 위해 공유 모빌리티 시장을 점령해야 한다. 이는 IT업계도 마찬가지다.

한국자동차산업협회가 공개한 〈해외 주요 자동차 시장 및 정책 동향(2019년 상반기) 보고서〉를 보면 2019년 상반기 주요 7개 시장(미국, 중국, EU, 인도, 멕시코, 브라질, 러시아)에서 팔린 승용차(중대형 상용차 제외)는 총 3,117만 4,000대로 전년 동기 대비 5.6% 감소했다. 2018년 전 세계에서 팔린 승용차가 6,572만 534대로 2017년(6,794만 8,264대)보다 3.2% 줄면서 2009년 미국발 금융위기 때 이후 첫 연간 감소세를 기록했는데 2019년은 더 꺾인 것이다. 이렇게 전 세계에서 신차 구매가 줄면서 전 세계 기업들은 공유 경제로 모빌리티 산업 중심을 이동해야 한다는 목소리를 높이고 있다.

공유 모빌리티의 초창기 방식이자 가장 친숙한 플랫폼은 차량 공유(Car Sharing)다. 소유자가 소비자에게 일정 기간 및 거리 동안 차량을 빌려주는 개념이다. 전통적 렌트카 서비스와 유사하지만 모바일 앱을 통해 간편하게, 시간 및 분 단위 대여를 할 수 있다는 점에서 다르다. 기업이 차량을 대량으로 사들여 단기 공유하는 플랫폼은 국내의 '쏘카', '그린카'가 대표적이다. 이 밖에 호주 기업 '카 넥스트 도어(Car Next Door)'처럼 개인 소유의 차를 소비자에게 연결시켜주는 차량 공유 플랫폼도 있다.

차량 공유에 이어 호출형 택시 또는 승차 공유라 불리는 카 헤일링(Car hailing), 라이드 헤일링(Ride hailing) 플랫폼이 등장했다. 소비자가 모바일 앱을 통해 지정한 장소로 차량을 불러 탑승하고 원하는 지점까지 이동하는 모바일 앱 기반 콜택시다. 기업이 보유한 차량(택시)을 이용해 소비자에게 서비스를 제공하면 '카카오택시' 같은 기업 간 소비자 거래(B2C) 승차 공유 플랫폼으로 분류한다. 이를 넘어 개인이 본인 소유 차를 이용해 다른 개인에게 승차 공유 서비스를 제공하도록 중개하는 플랫폼은 개인 간 직접 연결(P2P) 승차 공유로 분류한다. 미국의 우버(Uber), 리프트(Lyft), 중국의 디디추싱, 동남아시아의 그랩(Grab) 등 오늘날 공유 모빌리티 혁신의 대표 주자들은 모두 P2P 승차 공유 플랫폼이다.

우버의 드라마틱한 성장은 공유 모빌리티 혁신의 상징과도 같다.

■ 공유 모빌리티 유형별 구분

사업 유형	B2C	P2P
차량 공유	전통적 렌탈 사업과는 달리 앱을 통해 지점 영업소가 아닌 시내 거점에서 차량 공유, 회사가 차를 소유하여 단기 공유하는 B2C 모델 예) 집카, 쏘카, 그린카 등	개인이 소유한 차를 개인에게 연결해주는 플랫폼 제공 예) 겟어라운드, 카넥스트도어 등
승차 공유	전문 자격증을 소유한 운전자의 차량을 호출, 기존의 콜택시가 대표적인 사례이나 현재 모바일 기반의 간편한 탭 호출로 진화 예) 카카오택시, 마이택시 등	승객과 가까이 위치한 일반인의 차량을 호출하는 서비스로, 카풀의 비즈니스 모델화 예) 우버, 디디추싱, 리프트, 그랩 등

〈자료: 하이투자증권 리서치센터〉

우버는 2009년 미국 실리콘밸리 프로그래머 가렛 캠프가 착안한 아이디어에서 탄생했다. 캠프는 새해 전야에 친구들과 고급 리무진을 부르는 데 800달러를 쓴 뒤 '스마트폰으로 부르면 바로 오고, 다른 사람들과 공유하며 비용을 확 줄일 수 있는 택시 서비스'를 떠올렸다. 여기에 P2P 소프트웨어 파일 공유 스타트업(Red Swoosh, 레드 스우시)을 창업해 2007년 1,900만 달러에 매각한 트래비스 칼라닉이 동참하며 우버가 탄생했다.

우버는 기존 택시 서비스에 대한 불만이 높은 샌프란시스코, 뉴욕 등지로 빠르게 서비스를 확대했다. 초기에는 B2C 승차 공유였으나

2012년 '우버X(Uber X)' 서비스를 시작하며 P2P 승차 공유 시장을 개척했다. 우버X는 차량을 가진 개인이 우버X 기사로 등록하면 소비자가 콜택시처럼 이용할 수 있는 서비스다. 택시 면허 없는 택시인 셈이다.

우버는 짧은 시간 급속한 성장을 이룬다. IT · 자동차 대기업과 잇따른 제휴를 체결하고 대규모 투자를 이끌어낸 덕분이다. 우버는 현재 60여 개 이상 국가에서 서비스 중이며 뉴욕증권거래소(NYSE)에 2019년 상장했다. 시가총액은 2020년 1월 기준 640억 달러가 넘는다. 이 같은 성장은 후발 주자 리프트가 그대로 물려받았다. 2019년 나스닥에 상장한 리프트의 시가총액은 2020년 1월 현재 140억 달러가 넘는다.

이어 중국 알리바바 출신 쳉 웨이(程維)가 우버를 본딴 '디디 다처(번역하면 삐삐 콜택시)' 서비스를 2012년 베이징에서 시작했다. 디디 다처가 중국의 또 다른 승차 공유 플랫폼 '콰이디 다처'와 합병해 거듭난 회사가 디디추싱이다. 디디추싱은 2016년 8월 우버차이나의 모든 자산을 흡수하며 중국 내 지배적 승차 공유 플랫폼으로 떠올랐다. 디디추싱은 중국 400여 개 도시에서 약 5억 5,000만 명의 인구가 이용 중이다. 아직 비상장인 디디추싱은 560억 달러 정도의 기업 가치가 기대된다.

동남아시아에서는 그랩이 우버를 본딴 성공을 거뒀다. 하버드대 경영대학원에 다니던 말레이시아 유학생 앤서니 탄은 우버의 사례를 벤치마킹해 말레이시아를 비롯한 동남아시아 각국의 택시 서비스를 개선할 목적으로 2012년 6월에 세웠다. 싱가포르에 본사를 둔 그랩은 현재 동남아시아 최대 승차 공유 플랫폼이며 약 140억 달러의 가치가 있는 비상장 기업으로 평가받고 있다.

공유 모빌리티 시장 전체를 봐도 성장 속도는 매우 빠르다. 국내 자동차 산업 전문가 고태봉 하이투자증권 리서치본부장을 비롯한 하이투자증권 리서치센터가 2018년 11월 발표한 보고서 〈Taas(Transportation as a Service) 3.0의 시대〉를 보면 전 세계 승차 공유업계 순 매출액은 2017년 318억 달러에서 2021년 701억 달러로 2배 이상 커질 전망이다. 연평균 성장세(CAGR)가 21%에 이른다. 차량 공유업계 역시 2015년 11억 달러, 2020년 35억 달러에 이어 2024년 65억 달러로 커질 것으로 예상된다.

글로벌 완성차 · IT 기업들은 우버, 리프트, 디디추싱, 그랩은 물론 인도 올라(Ola) 등 유력 공유 모빌리티 플랫폼과 연합군을 형성하며 시장에 올라타는 추세다. 우선 우버는 최대 주주인 일본의 소프트뱅크(16.3% 보유)를 필두로 마이크로소프트, 구글 지주 회사 알파벳, 중국 검색엔진 바이두 등의 투자를 받았다. GM, 도요타자동차, 피아트크라이슬러오토모티브(FCA)와 볼보, 타타(인도 자동차 브랜드) 같은 굴지의 완성차 기업들도 우버와 제휴하고 차량 및 투자금을 보

■ 전 세계 승차 공유 업계 매출액 및 이용자 수 성장 추이

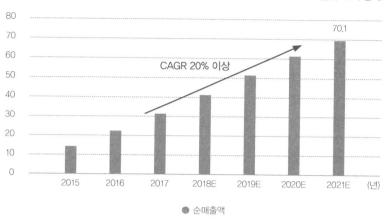

(단위: 10억 달러)

● 순매출액

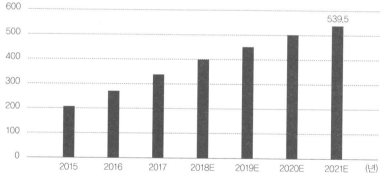

(단위: 100만 명)

● 이용자 수

〈자료: 스타티스카·하이투자증권리서치센터〉

태고 있다.

일본 전자상거래 기업 라쿠텐은 리프트 지분 12.2%를 보유한 최대 주주다. 이어 GM과 알파벳도 각각 지분 7.35%, 5%를 소유하고 리프트의 성장을 뒷받침하는 중이다. 중국의 텐센트, 알리바바도 리프트에 전략적 지분 투자를 단행한 상태다. 아직 상장하지 않은 디디추싱은 소프트뱅크, 알리바바, 바이두, 텐센트와 애플, 시나웨이보, 팍스콘 같은 업체들이 주요 주주다. 그랩과 올라는 현대 · 기아자동차와 혼다자동차, BMW를 포함한 완성차업체들의 지분 투자도 받았다.

공유 모빌리티 플랫폼 사이의 합종연횡도 활발하다. 디디추싱은 2016년 우버와의 중국 시장 주도권 다툼에서 승리하고 우버차이나를 인수했다. 대신 우버는 우버차이나를 통해 디디추싱 지분 17.7%(의결권 5.89%로 제한)을 보유하게 됐다. 또 디디추싱은 소프트뱅크와 함께 그랩과 올라에 막대한 지분을 투자했다.

물론 승차 공유 등 공유 모빌리티는 기존 택시 · 리무진 플랫폼을 보호하는 각국 정부 규제와 충돌하면서 각종 논란도 일으키고 있다. 특히 면허를 돈 주고 사야 하는 택시와의 갈등이 크다. 우버는 각 도시에서 선제적으로 영업을 전개하고 규제 당국이 반발하면 문제를 해결하는 전략으로 규제를 회피해왔다. 하지만 유럽과 북미에서 여러 소송에 시달리고 있다. 유럽 사법재판소는 우버를 택시와 같은 운수업체에 해당한다고 판결해 규제 대상임을 명확히 해둔 바 있다.

택시업계의 반발과 정부 규제로 좌초 위기에 몰린 한국 승차 공유 플랫폼 '타다' 〈자료: 타다〉

동남아에서는 호출형 택시 영업에 반대하는 택시 기사들의 폭력 시위가 일어나기도 한다. 실제로 현지에서는 일반 택시 기사들이 호출형 택시 기사들을 길거리에서 폭행하는 경우도 심심찮게 목격된다.

이 같은 규제 환경은 한국에서 특히 엄격하다. 한국이 공유 모빌리티 혁신에서 소외되는 배경이기도 하다. 쏘카가 운영 중인 호출형 택시 '타다'는 택시 기사들의 반발 속에 검찰이 불법으로 규정해 기

카카오모빌리티가 한국에서 추진하던 P2P 승차 공유 서비스 '카카오T 카풀'. 하지만 카카오모빌리티는 택시업계의 강력한 반발 속에 2019년 시범 서비스마저 철회했다. 〈자료: 카카오모빌리티〉

소당했다. 1심에서 무죄 판결을 받았지만 국회의 타다 금지법 통과를 앞두면서, 2020년 3월 타다는 핵심 서비스 '타다 베이직'의 중단을 선언했다. 우버는 2013년 8월 한국에서 카풀 서비스를 시작했으나, 불법 유상 운송이라는 정부 해석을 받고 결국 사업을 철수했다.

한국 토종 공유 모빌리티 플랫폼은 줄줄이 택시업계와 정부 규제에 발목 잡혀 첫걸음조차 제대로 떼지 못했다. 카카오는 P2P 승차 공유 '럭시'를 흡수 합병하고 카풀 서비스를 하려 했으나 택시업계의 거센 반대를 받고 잠정 연기했다. 호출형 버스라는 신개념 서비스를 내세운 콜버스는 불법 유상 운송 행위 논란이 일자 전세 버스 예약 중개로 사업을 바꿨다. 〈Taas 3.0의 시대 보고서〉는 "글로벌 시장의 급격한 변동에도 불구하고 한국은 여전히 4~5년 전과 동일한 규제 일변도로 나서고 있다"고 지적했다. 결국 국내 자본과 대기업 자금은 토종 공유 모빌리티 육성보다는 해외 유력 플랫폼으로 유출되고 있다고 보고서는 우려하고 있다.

자동차업계는 피크 카를 극복할 또 다른 돌파구를 차량 전동화(Electrification)에서도 뚫고 있다. 전기차(EV)로 대표되는 친환경차는 온난화를 막기 위한 범(凡) 지구적 규제 강화 덕분에 2025년께, 늦어도 2030년 이후에는 매년 글로벌 신차의 절반가량을 차지할 것으로 예상된다. 전기차는 1830년대에 최초 개발됐지만 무거운 배터리와 짧은 주행거리 때문에 내연기관차로 대체됐다. 하지만 1991년 리튬이온 배터리 상용화로 부활의 계기가 열렸고 2000년대 전자공학, 특히 반도체 기술의 발달로 내연기관차 성능을 따라잡을 수준이 됐다.

전기를 동력으로 한 최신 전기차 모델은 내연기관차와 달리 연료를 동력으로 전환하는 과정에서 오염 물질 배출이 없다. 파워트레인 계통이 단순해 차량의 공간 효율이 높고 배터리, 연료전지, 내연 발전기 등 여러 가지 전력원에서 전기를 얻을 수도 있다. 연료 폭발을 통해 에너지를 만들지 않으니 엔진 소음도 적다. 무엇보다 최신 전기차는 모터 드라이버의 전자 제어를 받아 속도·주행 성능 제어, 회생 제동이 쉽고 빠르며 자율주행 소프트웨어 제어도 내연기관차보다 용

이하다. 전기차는 또 파워트레인, 조향장치 같은 주요 부품 설계가 내연기관차보다 단순해 정비성도 뛰어나다.

하이브리드차(HEV)를 비롯한 전 세계 전기차 신차 판매량은 2019년 기준 연 200만 대를 넘어섰다. 스웨덴 전기차 전문 조사·컨설팅 기관 'EV-볼륨'에 따르면 2019년 상반기 전 세계 전기차 신차 판매는 전년 동기와 비교해 46% 성장한 113만 4,000대에 이를 정도로 가파르게 성장하고 있다. 이 중 74%는 순수 전기차이며, 26%는 플러그인하이브리드차(PHEV)다. 중앙 정부가 전기차 육성을 밀어붙이는 중국이 64만 5,000대로 가장 큰 시장을 형성하고 있고 유럽과 미국이 뒤따르는 중이다. 국가별로는 노르웨이가 전기차 비중이 가장 높은데 노르웨이는 2019년 신차의 58%가 전기차와 하이브리드차다.

2019년 상반기 세계에서 가장 많이 팔린 전기차는 12만 대 넘게 판매한 미국 테슬라모터스의 '모델3'다. 이 밖에 닛산 '리프EV'를 제외하면 베이징 기차 'EU시리즈', 비야디(BYD) 'EV 535', 'e35 450EV' 등 중국 브랜드가 상위권을 휩쓸고 있다.

이런 가운데 폭스바겐그룹과 현대·기아자동차 등 전통적 완성차들은 저마다 전동화 비전을 제시하며 시장 주도권 되찾기에 박차를 가하고 있다. 2018년 완성차 1,080만 대를 판매한 폭스바겐그룹은 2028년까지 전기차를 78종 출시하고 2019~2028년에 이르는 10년간 전기차 2,200만 대를 생산하겠다고 선언했다. 2019년 10만 대 이상 전기차를 판매해 세계 5위 전기차 브랜드에 등극한 현대·기아자동차는 2025년까지 연간 총 100만 대 이상 전기차를 팔아 테슬라와 폭스바겐을 잇는 세계 2·3위 브랜드로 도약한다는 목표다.

특히 유럽과 중국을 중심으로 전기차 보급을 늘리려는 정부의 노력이 가속화되면서 완성차업체들은 하나둘 전기차를 개발해 내놓고 있다. GM 또한 2026년까지 연간 100만 대에 달하는 전기차를 생산한다고 발표했다. 하이브리드차에 주력하던 일본 도요타 역시 2020년 이후부터 전기차 신차를 내놓기로 했다. 도요타는 2025년까지 전 세계 신차 판매량의 절반을 전기차로 대체한다는 목표를 세웠다.

전기차 외에도 주목되는 친환경 전동화 차량은 수소연료전지차(FCEV)다. 2019년 기준 현대자동차와 도요타, 혼다가 수소차를 생산하는 주요 브랜드다. 메르세데스-벤츠와 둥펑자동차를 비롯한 중국 완성차업체도 수소차 개발에 주력하고 있다.

수소차는 배터리 대신 수소 연료 전지를 이용해 전기를 얻어 주행하는 일종의 전기차다. 아직 수소 연료 생산의 경제성이 확보되지 않았지만 최신 수소차는 수소 1킬로그램당 95~100킬로미터를 주행할 수 있다. 리튬이온 배터리를 탑재한 동급 전기차보다 주행 거리가 길다.

무엇보다도 수소차는 충전에 필요한 시간이 5분 정도로, 30~40분이 넘는 전기차보다 편리하다. 가격과 무게 측면의 이점도 뚜렷하다. 전기차는 무거운 차를 장거리 주행하기 위해 배터리를 늘리면 가격과 차량 무게가 수직 상승하지만 수소차는 수소 탱크를 추가로 달아도 가격, 중량의 큰 변화가 없다. 이 때문에 자동차업계는 미래 대형 상용차(트럭, 버스)에는 수소차가 더 적합하다고 본다. 독일의 자동차 부품 대기업 콘티넨탈의 디르크 아벤드로트 최고 기술 책임자(CTO)는 〈매일경제〉 등 한국 언론과 만나 "장거리를 달리는 대형차는 수소연료 전지가 더 경제적인 동력원이다. 수소차와 전기차는 서로 시너지를 내면서 보완하는 관계가 될 것"이라고 강조하기도 했다.

현재 전 세계 완성차 중 수소차 기술, 생산을 선도하는 브랜드는 현대자동차다. 현대자동차는 2018년 12월 발표한 '수소 비전 2030'을 통해 2030년까지 한국에 연산 50만 대 규모의 수소차 생산 인프라를 구축하겠다고 밝혔었다.

피크 유스의 충격,
글로벌 인구 구조가 바뀐다

대가족이 화목하게 어울려진 가족사진을 떠올려보자. 할아버지, 할머니 주변에 아들, 딸, 사위, 며느리가 넷에서 여섯 명 정도 포진해 있고, 그들 주변에 다섯에서 열 명 정도 되는 다양한 연령대의 아이들이 뛰노는 모습이 언뜻 그려진다면 이제 그런 사진은 잊어버릴 때가 됐다. 적어도 1990년대 후반에서 2000년대 초반을 거치면서 동서양을 막론하고 사라져가고 있는 사진이 바로 그런 사진이다.

2020년대에는 조부모가 손자, 손녀보다 많아진다. 비단 한국뿐 아니라 전 세계적 현상이다. 앞으로는 전 세계 어디를 가도 할머니 집 거실에는 조부모 두 명에 자녀 부부, 손주 한 명으로 구성된 단출한 가족사진을 만날 가능성이 높다는 얘기다.

서기 1000년 지구상 인구는 2억 5,600만 명에 불과했다. 그로부터 1,000년 후인 1999년에는 60억 명을 돌파했고, 오늘날 지구상의 인구는 76억 명에 달한다. 하지만 2030년에는 85억 명이 될 것이라고 〈UN 인구보고서〉는 예상하고 있다. 그래프로 그려보면 기울기가 급격하게 높아지는 J커브를 그리게 되는 셈이다.

인구가 늘어나는 것 자체는 경제에 이득이다. 하지만 향후 인구론적 관점에서 경제에 미치는 영향은 단순 숫자 이상이다. 중국, 인도 등 인구의 절대수가 많은 나라뿐만 아니라 프랑스, 한국 등 많은 선진국이 인구가 경제에 미치는 영향을 걱정하는 것은 두 가지다. 첫째는 노동인구의 증가세가 둔화되고 있다는 점이며, 둘째는 글로벌 인구의 빠른 고령화다.

이 두 가지 관점에서 본 글로벌 경제는 2020년 '피크 유스(Peak Youth)'를 경험하게 될 전망이다. 인류 역사상 처음으로 65세 이상 인구가 5세 미만 인구를 넘어서게 되면서 젊은이가 줄어들고 고령자가 늘어나는 세상이 찾아올 것이라는 얘기다.

실제로 1950년 5세 미만 인구는 3억 4,000만 명에 불과했으나 2015년에는 6억 7,000만 명까지 늘어났다. 반면 65세 이상 인구는 1950년 1억 3,000만 명에서 2015년 6억 1,000만 명으로 늘어났다. 노인 증가와 영유아 감소가 맞물려 나타나면서 속도가 급격히 빨라진다는 것이다. 과학의 발달로 기대 수명은 급격하게 늘어나는데, 출산은 그만큼 늘지 못하고 있는 게 문제다. 이런 속도로 달려간다면 앞으로 2100년엔 5세 미만 인구가 6억 5,000만 명, 65세 이상 인구는 25억 명이 될 것이라는 게 UN의 예측이다. 노인 인구가 영유아보다 4배 이상 많아져 '늙은 지구'가 되는 셈이다.

실제 과학기술, 특히 그중에서도 생의학 연구는 눈부시게 빠른 속도로 발전하고 있다. 1953년 DNA의 이중 나선 구조를 발견하고, 2000년 인간 유전체를 해독한 이후 인간의 생명을 건강하게 연장하는 분야는 특히 연구 속도가 빨랐다. 의료 데이터와 진단에서 혁명이 나타나면서 의약과 백신 분야가 새로운 황금기를 맞이하게 될 것이라는 예상이다. 즉 인간의 수명은 기술에 힘입어 빠르게 늘어날 텐데, 수명이 길어지는 것뿐만 아니라 더 건강하게 양질의 삶을 추구하게 된다고 보는 것이다.

개인의 유전자 2만 5,000개에 대한 정확한 지도를 얻으면서 건강한 수명 연장에 대한 연구에 박차를 가하게 됐다. 그 결과 지구인의 평균 수명은 1900년에 31세에 불과했으나 지금은 72세에 이르게 됐다. 2100년에는 83세로 늘어날 것이라는 게 현재 예측이지만 과학자들은 이 속도가 더 빨라질 것이라고 내다보고 있다. 인간의 수명이 2000~2016년 사이 약 15여 년간 빠르게 늘어났지만 앞으로는 더 빠르게 늘어날 것이라고 보고 있는 셈이다.

유전자학의 혁신과 빅데이터, 인공지능은 죽음이라는 거대한 과

제에 대한 파괴적 혁신을 만들고 있다. 유전자 불확실성, 텔로미어 축소, 세포의 노쇠기 등 노화에 관한 연구에 관한 연구가 끊임없이 일어나면서 생명 주기를 바꿔나가고 있는 것이다.

하지만 이런 고령화에도 바꿀 수 없는 명제 하나는, 결국 은퇴하는 사람들이 많아진다는 현실이다. 인간의 수명은 늘어가고 있지만 정년은 이에 비해 빠르게 늘지 않는다. 미국의 투자은행 뱅크오브아메리카(BoA)는 2020년부터 2030년까지 앞으로 10년간 미국, 유럽, 일본에서 12만 8,000명이 은퇴 연령인 65세에 다다르게 될 것이라고 예상했다. 2050년에 65세 이상 인구를 21억 명으로 예상하면 노동 인구 4명이 은퇴자 1명을 먹여 살리는 구조가 된다. 현재 노동 인구 8명이 은퇴자 1명을 부양하는 인구 구조임을 감안하면 향후 30년간 은퇴자가 두 배로 뛰는 셈이다.

한국으로 상황을 좁혀보면 1955~1963년생으로 통칭되는 베이비부머 세대가 은퇴를 시작해 본격적인 노인 세대로 진입하는 때가 2020년부터다. 2020년 만 65세로 법정 노인이 되는 1955년생이 현재 71만 명이다. 한해 40~50만 명씩 은퇴하던 2010년대에 비하면 20% 이상 급증한 셈이다.

젊은 세대가 줄고, 노인층이 급증한다는 것은 단순히 부양 인구 증가의 문제가 아니다. 당연히 이들을 부양하기 위한 각종 사회적 비용 증가가 문제될 수밖에 없다. 하지만 사회 · 경제적으로 볼 때 저축

■ **한국 고령 인구 비율 전망** (전체 인구 중 65세 이상 인구)

(단위: %)

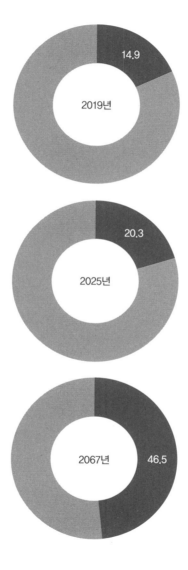

14.9

2019년

20.3

2025년

2067년

46.5

〈자료: 통계청〉

률이 높아지고 대신 투자 증가세가 둔화되는 것은 더 큰 의미가 있다. 경제에 인플레이션을 유발하기 어려워지고, 오히려 디플레이션 유발 효과가 커지기 때문이다. 결국 금리는 낮아지는 쪽으로 귀결하게 된다. 한마디로 경제가 늙어가는 것이다.

사실 이런 현상은 이웃 나라 일본에서 이미 모두 겪어본 일이다. 1990년대 이후 일본의 빠른 고령화는 높은 저축률과 낮은 금리의 전조였다. 오죽하면 일본에서는 금리가 0%인데도 은행에 저축하려는 노인층이 늘어나자 오히려 돈을 맡기는 데 비용을 지불하기도 했을 정도다.

이런 인구학적 관점을 경제학에 도입시켜보면 크게 세 가지 시사점을 찾을 수 있다. 우선 나이 든 소비자들을 위한 시장이 열릴 것이라는 예상이다. 2019년 미국 타깃 광고 시장에서 65세 이상 은퇴자를 타깃으로 하는 광고는 전체 광고 물량의 5%가 안 됐다. 하지만 앞으로는 베이비붐 세대가 시장을 바꿔놓을 가능성이 높다. 바로 이들이 돈을 가진 세대이기 때문이다.

한국에서도 베이비붐 세대가 부동산 붐의 주역이었듯이 미국에서도 연간 개인 소득이 가장 높고, 순 자산이 가장 많은 세대가 60대다. 이들 베이비붐 세대가 자산과 소득을 보유한 채 은퇴하게 되면 막강한 소비 세력이 될 게 뻔하다. 이미 베이비붐 세대는 그냥 소비하는 게 아니라 소비 산업 자체를 바꿔놓고 있다. 그냥 병원에 다니는 대신 의료 제도를 바꾸고, 옷을 사 입는 것을 넘어서 패션 산업을 바꾸고 있는 게 이들이다.

최근에는 이 세대를 통칭하는 신조어로 '욜드(YOLD, Young Old)' 란 단어가 흔히 쓰이고 있다. 젊다는 의미의 영어 단어 영(Young)과 고령층이라는 의미의 영어 단어 올드(Old)를 합쳐서 만든 '욜드' 세대는 이름이 시사하듯 젊지도 늙지도 않은 게 특징이다. 이들은 과거 60대에 비해 교육 수준이 높고, 경제적으로도 부유하며, 건강한 게 특징이다.

한국에서도 시니어 모델이 화두가 되거나 유튜브 스타로 뜨고 있는 어르신들이 이 세대를 대변한다고 볼 수 있겠다. 실제로 한국의 시니어들은 2016년만 해도 은퇴 후 일자리나 소자본 창업, 밥벌이 수단, 재테크 등에 관심이 많았으나 최근 2~3년 새 관심사가 급격하게 변했다.

고려대학교 시니어 트렌드&마케팅 그룹에서 SNS(사회관계망서비스) 상의 소셜 담론을 조사한 바에 따르면 시니어 계층의 관심사는 취미, 여가를 넘어서 외모나 능력 개발 등으로 급속히 옮겨가고 있다. 과거에는 건강을 위해 운동을 하는 계층이었다면 최근에는 자녀나 손주들과 함께 몸 만들기용 피트니스를 시도한다든지, 골프, 헬스 등 시니어 운동 종목을 벗어나 요가, 필라테스 등을 찾는 인구가 크게 늘어나고 있는 게 이를 방증한다.

두 번째로, 인구론적 관점에서 향후 미래를 결정지을 중요한 세대는 Z세대다. 현재 10대나 그 이하를 의미한다. 지금은 다들 밀레니얼이 중요한 세대라고들 하지만 만 20~39세를 뜻하는 밀레니얼들도 이제 20년 후면 모두 60대에 진입한다. 그러다 보니 향후 10년간 소비자에게 가장 큰 영향을 미칠 미래의 소비 세대를 찾자면 Z세대를 꼽는 게 당연하다.

이들이 새로운 소비층이 되는 이유는 기술 측면에서 완전히 다른 세대이기 때문이다. 이들은 태어날 때부터 스마트폰과 함께 했던 디지털 네이티브다. 기술을 바탕으로 공유 경제를 이끌면서 작게 소비하더라도 가격보다 소비 경험을 더 중시하는 새로운 소비 계층이다.

마지막으로 이머징 마켓의 중산층은 여전히 글로벌 경제의 중심축이 될 전망이다. 미국의 싱크탱크 브루킹스연구소에 따르면 2020년 이후는 중산층이 더욱 중요해질 것으로 보고 있다. 이유는 1만 년 전 인류가 농경 문명을 시작한 이후 처음으로 대부분이 가난하지 않은 사회, 즉 중산층이 가장 두터운 사회가 되기 때문이다. 지구상에서 1초마다 5명씩 중산층에 진입하는 사회가 온다는 예측이다.

사실 글로벌 중산층은 가장 빠르게 성장하는 소비자 그룹 역할을 톡톡히 해왔다. 이미 2018년 36억 명을 기록한 이들은 오는 2030년에는 53억 명으로 성장할 것으로 예상된다. 바꿔 말하면 앞으로 10년 내에 매년 약 1억 5,000만 명의 중산층 시장이 새로 생겨난다는 것을 의미한다. 특히 그중 90%가 아시아를 비롯한 이머징 마켓에 집중될 것이라고 하니, 글로벌 리테일업체들이 아시아 시장에 자원을 쏟아붓는 것도 무리는 아니다.

특히 이들 급증하는 중산층은 구매력 또한 빠르게 증가세를 보일 것으로 예상된다. 브루킹스연구소는 오는 2030년까지 미국 중산층의 구매력은 전 세계 최고가 될 것이라고 내다보고 있다. 구매력 평가(PPP)기준으로 16조 달러에 달할 것이라는 게 이들의 예측이다. 이어 중국 중산층의 구매력이 14조 1,000억 달러, 인도는 12조 3,000억 달러로 미국의 뒤를 바짝 쫓을 것이라고 전망한다.

중산층에 진입하는 가정들은 대체로 내구재 소비를 늘린다. 1990년대 한국의 중산층이 급증하던 시절을 비추어보면 이해하기 쉽다. 연말에 보너스를 받거나 집을 이사하면서 냉장고, 세탁기, 에어컨 등 가전제품을 바꾸는 것은 기본이고, 내구제의 대표적 상품인 자동차도 구입한다. 아무리 공유차 등이 성행한다고 해도 신흥 중산층에게는 여전히 집과 차가 부의 상징이기 때문이다. 이외에서 서비스업종에서는 여행, 레저, 건강, 교육 등에 돈을 쓸 것이라고 내다보고 있다.

제2부

대변혁

플랫폼 괴물의 파괴적 혁신

현대의 IT 산업은 두 부류로 나뉜다. 플랫폼 우위를 점한 기업과 그렇지 못한 기업. 약간의 과장이 가미됐지만 그만큼 현 IT 산업에서 플랫폼의 중요성은 몇 번을 강조해도 지나치지 않다.

플랫폼의 사전적 정의는 '역에서 지하철을 타고 내리는 곳'을 뜻한다. 그러나 산업 측면에서 플랫폼은 '다수의 소비자가 서비스를 이용하고 콘텐츠 및 데이터 생산자와 연결되는 곳'으로 정의할 수 있다. 소비자가 '지하철 승객'이라면 생산자들을 '지하철'로 볼 수 있는 것이다. 그리고 이것이 가능하도록 해주는 기업이 바로 플랫폼 사업자다.

페이스북, 인스타그램과 같은 SNS 기업이 대표적인 플랫폼 사업자다. 사용자는 온라인에서 페이스북이나 인스타그램에 사진과 글 등을 올리고 다른 사용자들과 소통한다. 엄청난 규모의 사용자가 몰리며 생태계가 형성되고, 그 안에서 기업이 광고를 하는 등 부가가치를 창출한다.

전 세계 수억 명의 사람들이 이들 플랫폼 기업이 제공하는 서비스를 매일같이 이용한다. 통신의 발달과 스마트폰 확산은 플랫폼 기업들에게 날개를 달아줬다. 컴퓨터 안에만 갇혀 있던 사용자들이 모바일을 만나 언제 어디서나 '온라인' 상태가 돼 서비스를 이용할 수 있는 환경이 조성된 것이다.

현재 글로벌 산업의 중심은 플랫폼 기업임을 부정할 수 없다. 다수의 산업이 플랫폼 산업에 종속되고 있다는 인상을 받을 정도다. 이같은 분위기는 기업의 가치를 나타내는 시가총액을 보면 잘 느낄 수 있다.

글로벌 플랫폼 기업의 경제적 가치는 웬만한 선진국의 GDP와 맞먹는다. 아이폰을 필두로 스마트폰 운영체제인 iOS, 앱스토어 등 확고한 생태계를 조성한 애플은 시가총액 1조 3,900억 달러로 전 세계 1위다. 또한 예전부터 PC 운영체제를 독점해온 마이크로소프트도 클라우드 플랫폼 등으로 영역을 넓히며 시가총액 1조 3,700억 달러로 2위에 올라 있다.

아마존(1조 100억 달러), 구글의 지주 회사인 알파벳(9,900억 달러), 페

■ **전 세계 시가총액 상위 10대 기업** (2020년 2월 5일 기준)

순위	기업명	시가총액(달러)
1	애플	1조 3,900억
2	마이크로소프트	1조 3,700억
3	아마존	1조 100억
4	알파벳(구글)	9,900억
5	알리바바	6,000억
6	페이스북	5,970억
7	버크셔헤서웨이	5,540억
8	텐센트	4,830억
9	비자	4,400억
10	JP모건	4,280억

*음영 처리된 기업은 플랫폼 사업자

이스북(5,970억 달러) 등을 비롯해 중국 알리바바(6,000억 달러), 텐센트 (4,830억 달러)도 전 세계 기업 시가총액 상위 10위 안에 들어간다. 시 가총액 상위 10위에 플랫폼 기업만 무려 7개가 포함돼 있는 것이다.

2018년 기준 한국의 GDP는 1조 7,200억 달러다. 미국 플랫폼 기 업 중 기업 가치가 1조 달러 안팎인 기업만 애플, 마이크로소프트, 아마존, 알파벳 등 4곳에 달한다. 이들 4곳의 시가총액을 합치면 4조 7,600억 달러인데, 이는 일본의 GDP(2018년 기준) 4조 9,700억 달러에 견줄 수 있는 수준이다. 업계에서는 이들을 일컬어 FAANG(페이스북, 애플, 아마존, 넷플릭스, 구글) 또는 GAFA(구글, 애플, 페이스북, 아마존)라고 부른다.

5세대 이동통신 상용화, 인공지능 기술 고도화, 클라우드 등 4차 산업혁명 기술이 일상에 녹아들면서 플랫폼 기업들의 영향력 확대 추세는 더욱 가속화될 전망이다. 다보스 포럼은 글로벌 디지털 플랫폼 서비스가 창출하는 매출액이 60조 달러(7경 1,120조 원)로 전 세계 기업 총 매출액의 30%를 차지할 것으로 전망했다.

오늘날 세상을 지배하는 플랫폼 기업들 가운데 예전부터 전통적인 사업을 영위해온 기업은 단 한 곳도 없다. 1994년 설립한 아마존을 시작으로 구글 1998년, 알리바바 1999년, 페이스북 2004년, 에어비앤비 2008년, 우버 2009년 등 대부분 설립된 지 30년도 안 된 기업들이 대다수다. 그나마 1976년에 창업한 애플이 창립 50주년을 바라보고 있는 정도다.

이 기업들에게는 한 가지 공통점이 있다. 바로 인터넷이 본격화하기 시작한 시점과 이동통신이 확산되는 시점에 탄생해 순식간에 글로벌 기업으로 성장했다는 점이다. 이들은 기존 전통적 기업들이 주력 사업을 위한 부가적 기능으로만 활용했던 플랫폼을 하나의 산업으로 보고, 새로운 가치를 제공한 기술 기업들이다. 이들은 유통, 모빌리티, 콘텐츠 소비, 금융 등 여러 분야에서 기존 기업들을 위협하며

'파괴적 혁신'을 주도하고 있다.

먼저 아마존을 보자. 오늘날과는 거리가 먼 인터넷 서점으로 시작한 아마존은 '아마존닷컴'이라는 온라인 플랫폼으로 사업을 열었다. 이를 바탕으로 가파르게 성장한 아마존은 산업 간 경계를 허물고 전 산업에서 혁신을 주도하며 세계 최고의 4차 산업혁명 기업으로 거듭났다.

아마존은 4차 산업혁명의 최대 격전지인 인공지능과 사물인터넷 분야의 신기술을 선점하고 이를 자사의 플랫폼에 적용해 '유통 혁명'을 일으키고 있다. 또한 대규모 인수합병을 통해 다양한 산업의 기업을 인수하고 새로운 산업 생태계를 만들고 있다.

아마존은 '세상의 모든 것을 판다'는 아마존 창립자 제프 베조스의 기조 아래 이용자가 찾는 물건은 무엇이든 싸고 빠르게 구입할 수 있도록 장을 마련했다. 이를 통해 초기 인터넷 서점 때부터 모아온 대규모 사용자들을 대상으로 유료 회원제인 '아마존 프라임' 서비스를 성공적으로 정착시켰다.

아마존 프라임은 회원들이 연 119달러의 회비를 지불하면 익일 배송 등의 서비스를 제공받는 서비스다. 아마존은 여기에 온라인 동영상 서비스(OTT)인 '프라임 비디오'와 '프라임 뮤직' 등 콘텐츠로 서비스를 확대했다.

아마존은 한국의 '아프리카TV'와 같은 동영상 스트리밍 서비스

■ 아마존의 플랫폼 산업 생태계

기업 '트위치'를 2014년 9억 7,000만 달러에 인수해 동영상 스트리밍 플랫폼 사업에도 진출했다. 트위치는 게임 콘텐츠 스트리밍에 특화된 플랫폼으로 아마존은 이를 통해 단숨에 동영상 스트리밍 사업 강자로 올라섰다.

아마존은 'AWS(아마존 웹 서비스)'를 필두로 클라우드 사업을 플랫폼 사업의 주요 축으로 키웠다. 클라우드 컴퓨팅은 사용자가 물리적으로 데이터 센터와 서버를 구축하지 않고 AWS와 같은 클라우드 사업자로부터 여러 리소스를 인터넷으로 제공받는 서비스다.

아마존은 초기 사업에서 사용자들이 원하는 바를 완벽하게 충족시킨 것과 마찬가지로 AWS 서비스도 온라인 애플리케이션을 고급스러우면서도 손쉽게 구축하려는 이용자들의 수요를 적극 수용했다. 사용자는 AWS 클라우드 시스템으로 비용을 크게 절감할 수 있을 뿐만 아니라 보안, 사물인터넷, 인공지능 기능 등을 추가 제공받을 수 있다.

아마존의 인공지능 음성 비서 '알렉사'는 이미 이용자의 일상에 깊숙이 파고들었다. 알렉사는 아마존의 인공지능 스피커인 '에코(Echo)'는 물론 LG전자와 같은 가전 기업의 가전제품, 자동차 등에 탑재되며 광범위하고 확고한 생태계를 조성했다. 이용자는 알렉사를 통해 정보 제공, 쇼핑, 음악 감상 등 다양한 활동을 할 수 있다.

아마존의 혁신은 현재 진행형이다. 아마존은 첨단 IT 기술을 활용해 소비자가 매장에서 제품을 들고 나가면 자동으로 결제가 되는 '아마존고' 매장을 만들고, 2012년 인수한 아마존로보틱스를 통해 물류 센터 로봇을 만들어 실제 현장에서 활용해 효율성을 극대화하고 있다. 또한 드론을 배송에 활용한 '프라임 에어' 서비스를 준비하고 있으며 제품을 실은 초대형 비행선을 띄워놓고 주문과 동시에 드론으로 제품을 배송하는 '공중 물류 센터'도 구상하고 있다.

이처럼 플랫폼 기업의 등장으로 파괴적 혁신이 가장 활발하게 일어나는 분야 중 하나가 자동차업계다. 승차 공유 경제의 대명사가 된 우버는 음식 주문과 배달을 이어주는 플랫폼 '우버 이츠', 화물 운송 사업인 '우버 플라이트' 등 사업 다각화를 통해 성장을 모색하고 있다.

또한 우버는 차량과 승객을 연결하는 중개자 역할에 그치지 않고 종합 모빌리티 플랫폼 기업으로 거듭나려는 움직임을 보이고 있다. 사람만 운송하는 것이 아니라 도시 안에 있는 모든 것을 운송한다는 게 다라 코즈로샤히 우버 최고경영자의 비전이다. 우버는 도시 전체의 운송 시스템을 하나의 플랫폼에 통합하는 것을 목표로 하고 있다.

이를 위해 우버는 육상 운송에서 항공 운송까지 영역을 넓히고 있다. 우버는 2020년 1월 미국 라스베이거스에서 열린 세계 최대 IT·가전 박람회 'CES 2020'에서 현대자동차와 손잡고 PAV를 공개하기도 했다. 우버의 종합 운송 플랫폼 꿈이 조금씩 현실화되고 있는 것이다.

아마존과 우버 같은 플랫폼 기업의 등장은 전통 산업의 틀을 완전히 바꿔 놓았다. 특히 유통 산업의 경우에는 오프라인 유통 채널이 직격탄을 맞는 등 대변혁을 맞이했다. 2018년에는 132년 전통의 미국 유통 공룡 시어스가 파산 보호를 신청하며 충격을 안겼다.

플랫폼 산업은 금융 산업에서도 강력한 혁신의 원동력이 되고 있다. 규제 산업인 금융 산업은 그동안 변화의 소용돌이 중심에서 다소 벗어나 있었다. 그러나 규제 완화 바람과 핀테크 기업들의 파괴적 혁신으로 금융 산업을 송두리째 바꾸고 있다.

금융업계는 기존 사업자가 직접 변화의 주체로 뛰어들거나 새로운 인터넷 은행과 같은 새로운 사업자와 지분 참여 형태로 개방형 혁신을 추진하는 전략을 선호한다.

미국 투자은행(IB) 골드만삭스는 2016년 온라인 뱅킹 플랫폼인 '마커스'를 선보였다. 마커스는 개인이나 소규모 기업을 대상으로 한 예금 및 대출을 취급하는 플랫폼이다. 원가를 크게 낮춰 확보한 예금으로 대출을 실행하고, 골드만삭스의 신용 평가 분석 노하우로 리스크를 최소화한다.

중국 핑안보험은 금융 회사라기보다는 IT 기업에 가깝다. 핑안보험은 10만 명 이상의 기술 인력을 보유하고 있으며 이 중 30% 이상이 연구개발 관련 업무를 담당한다. 핑안보험은 인공지능, 빅데이터 분석과 같은 4차 산업혁명 기술을 활용해 고객에게 빠르고 적절한 보험 서비스를 제공한다. 또한 보험 데이터를 활용해 헬스케어 플랫폼 서비스도 제공한다. '평안 굿 닥터'는 평안보험이 운영하는 중국 최대 온라인 헬스케어 플랫폼이다. 평안보험은 향후 무인 인공지능 진료소 수십만 개를 세운다는 계획도 추진 중이다.

플랫폼 기업은 향후에도 파괴적 혁신을 지속하며 예상치 못한 산업계 곳곳에서 출현할 가능성이 크다. 플랫폼 산업이 성장할 수 있는 기술적 기반이 이미 대부분 갖춰졌고, 지속적으로 발전하고 있기 때문이다.

플랫폼 기업은 초기에 이용자와 하나의 접점으로 시작해 규모가 커지면서 접점을 넓혀 나간다. 한 번 성공하면 사업을 확장하는 것은 어려운 일이 아니다. 한국의 카카오는 스마트폰 확산 초기 무료 메신저로 시작해 국내에서만 4,400만 명 이상의 가입자를 확보하는 대성공을 거뒀다. 이를 바탕으로 금융, 콘텐츠 등 전 방위로 사업을 확장해 수익성을 극대화한다. 이처럼 플랫폼 시장에서 아직 발굴되지 않은 이용자들의 수요를 수면 위로 끄집어내려는 노력은 끊임없이 시도될 것이다.

글로벌 네오 유니콘의 출현

비디오테이프 연체료 때문에 화가 난 남자가 있었다. 그의 이름은 리드 헤이스팅스. 비디오테이프를 하나 빌려 봤다가 무려 40달러를 연체료로 냈던 그는 '차라리 한 달에 30~40달러를 내고 회원 가입을 하면 비디오테이프를 배달해주는 사업을 하면 어떨까'라는 아이디어를 떠올리고 실행에 옮긴다. 1998년 넷플릭스의 출발이었다.

당시는 비디오테이프를 빌려 보는 게 상식인 시대였다. 시장에는 비디오테이프 대여를 전문으로 하는 '블록버스터'라는 절대 강자도 있었다. 블록버스터는 25개국에 9,000개 매장을 두고 4,300만 명의 회원을 보유한 초대형 비디오 대여점이었다. 연매출은 60억 달러, 기업 가치는 50억 달러에 달했다. 이 거대 공룡을 신생 기업인 넷플릭스가 무너뜨릴 것이라고는 그 누구도 예상하지 못했다. 하지만 불과 12년 뒤 블록버스터는 파산 신청 후 매각됐다. 넷플릭스와 블록버스터 사례는 성경에 등장하는 '다윗과 골리앗' 이야기의 기업판이자, 기업 흥망사에 있어 일종의 '클리셰'다.

스타트업이 '유니콘(기업 가치가 10억 달러 이상인 비상장 스타트업)'으로 성장하면서 기존 시장을 장악하고 있던 대기업을 밀어낸 사례들은 차고 넘친다. 4차 산업혁명이라는 기술의 파고와 함께 번뜩이는 아이디어로 중무장한 스타트업은 사회의 패러다임을 송두리째 흔들고 있다. 4G 시대의 네트워크와 인공지능 시스템의 결합으로 탄생한 우버와 핀테크라는 단어가 생소하던 시기 한국에서 등장한 '토스(비바리퍼블리카)'가 대표적이다. 아이디어만 갖고, 세상을 바꿔놓은 사례

온라인 영상 스트리밍 시장을 연 유니콘 기업, 넷플릭스 〈자료: 넷플릭스〉

역시 차고 넘친다. 기존 성장의 한계를 뜻하는 피크 쇼크 시대, 변곡점을 넘어 성장을 위해서는 유니콘 기업의 등장을 통한 파괴적 혁신이 필요하다. 이들은 단순히 개별 기업의 성공을 뛰어넘어 국가 경제 전체에 활력을 불어넣을 수 있는 메기 역할을 기대할 수 있기 때문이다.

미국 시장조사업체 CB인사이트가 공개한 유니콘 리스트를 조금만 살펴봐도 이를 알 수 있다. 중국의 콘텐츠 제공 스타트업 바이트댄스, 미국의 전자 담배 스타트업 줄 랩스, 일론 머스크가 이끄는 스페이스X, 에어비앤비, 그랩, 미국의 핀테크 기업 리플 등 기존 산업에 도전장을 던진 스타트업들이 대거 이름을 올렸다.

하지만 한국의 현실은 암울하다. CB인사이트에 따르면 한국의 유니콘 기업은 12월 현재 11개에 불과하다. 미국(212개), 중국(101개)과는 비교하기조차 민망한 수준이다. 인도(19개)에도 뒤져 있다. 글로벌 금융위기 이후 세계 경제를 대표하는 기업 간판이 바뀌고 있다. 미국의 구글, 아마존, 페이스북과 중국의 알리바바, 텐센트 등이 스타트업에서 성장해 4차 산업혁명 시대를 맞아 변화를 주도하고 있다. 이들 기업이 성장하는 가운데 정보통신기술을 선도한다고 자부해왔던 한국에서는 스타트업 중 성장한 글로벌 대표 기업을 찾아보기 어렵다. 그나마 네이버 정도가 명함을 내밀고 있을 뿐이다. 스타트업을 글로벌 기업으로 키워내지 못하는 구조적 문제점은 한국 경제가 안고 있는 치명적 취약점이다.

국내 벤처 투자 금액은 관련 통계를 집계하기 시작한 2012년 이후 매년 역대 최고치를 경신하며 액수를 키우고 있지만 절대적인 규모 측면에서 여전히 부족하다. 중소벤처기업부와 한국벤처캐피탈협회에 따르면 2019년 11월까지 국내 벤처 누적 투자액은 3조 8,115억 원으로 2018년 같은 기간에 비해 약 22% 늘었다. 현재 추세대로라면 2019년 4조 원 규모의 투자가 예상되는데, 불과 3년 전인 2017년(2조 3,803억 원)에 비해 약 70% 성장한 수치다. 그런데도 한국 스타트업이 해외 자본 없이 다음 단계로 성장하지 못하는 이유는 후기 투자와 '메가 투자(특정 기업에 1억 달러 이상 투자)'가 부족하기 때문이다.

한국에서 유니콘 기업을 키워낸 주요 투자자는 대부분 해외 벤처 캐피털(VC)이다. 국내 1호 유니콘 기업인 쿠팡과 3호인 엘앤피코스메틱에는 국내 자본이 투자하지 않았고, 위메프(100%)와 야놀자(38%, 8월 기준)를 제외하면 옐로모바일, 우아한형제들(배달의민족) 등은 일부 국내 자본을 유치했지만 대부분 해외 돈으로 몸집을 키웠다.

이는 스타트업과 대기업 재직자 등 1,099명을 대상으로 조사한 '스타트업 얼라이언스'의 〈스타트업 트렌드 리포트 2019〉에도 그대로 드러난다. 설문 조사에 참여한 이들은 한국 스타트업 내 시급한 개선점으로 기반 자금 확보와 투자 활성화(41.6%)를 가장 첫 번째로 꼽았다. 이는 2017년과 2018년, 같은 조사에서 2년 연속 '규제 완화'

■ 한국 스타트업 설문 조사 (2019년)

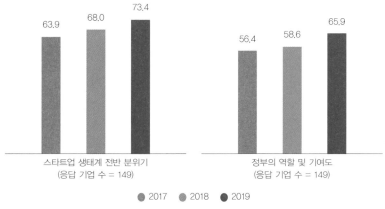

(단위: 점)

● 2017 ● 2018 ● 2019

스타트업 생태계 전반 분위기
(응답 기업 수 = 149)

정부의 역할 및 기여도
(응답 기업 수 = 149)

63.9　68.0　73.4

56.4　58.6　65.9

〈자료: 스타트업 얼라이언스〉

■ 활용하고 or 투자받고 싶은 기관 (응답 기업 수 = 149)

	입주/활용	초기 투자유치	VC 투자유치
1위	•마루180 (아산나눔재단) •구글 스타트업 캠퍼스	•프라이머	•알토스벤처스
2위	•디캠프 (은행권청년창업재단)	•본엔젤스벤처파트너스	•소프트뱅크벤처스
3위		•매쉬업엔젤스	•한국투자파트너스

〈자료: 스타트업 얼라이언스〉

■ 스타트업 내 시급한 개선점 (응답 기업 수 = 149)

	2017년	2018년	2019년
1위	규제 완화 (43.1%)	규제 완화 (53.5%)	기반 자금 확보 투자 활성화 (41.6%)
2위	기반 자금 확보 투자 활성화 (42.2%)	기반 자금 확보 투자 활성화 (34.2%)	규제 완화 (39.6%)
3위	인수합병 기업공개 활성화 (32.8%)	우수 인력 확보 (28.9%)	인수합병 기업공개 활성화 (32.9%)

〈자료: 스타트업 얼라이언스〉

■ 진출하고 싶은 해외 국가 (응답 기업 수 = 78)

	2017년	2018년	2019년
1위	동남아	미국	동남아
2위	미국	동남아	미국
3위	중국	중국, 일본	일본

〈자료: 스타트업 얼라이언스〉

가 스타트업 생태계 활성화를 위해 시급한 개선점으로 꼽힌 것에서 한걸음 나아간 결과였다.

한국 정부는 2012년 이후 정체된 경제에 활력을 불어넣기 위해 스타트업 활성화가 반드시 필요하다는 판단 하에 많은 투자와 규제 완화를 이어왔다. 정부가 나서 창업을 원하는 사람들을 전문가들과 매칭을 시켜주고 창업 초기 자금 지원 등을 통해 생태계 조성에 나섰다. 이 같은 노력과 함께 국내 창업 생태계도 조금씩 나아지기 시작했다. 스타트업 얼라이언스의 조사에 따르면 국내 스타트업 생태계 전반의 분위기는 2017년 63.9점(100점 만점)에서 2018년 68.0점, 2019년 73.4점으로 상승 중이다. 그럼에도 불구하고 부족한 것이 설문 조사에서 볼 수 있듯이 '자본'이다.

김삼화 바른미래당 의원실에 따르면 2019년 글로벌 기업주도형 벤처캐피털(CVC, Corporate Venture Capital) 투자 규모는 530억 달러(약 61조 5,000억 원)로 전년 대비 47%나 증가했지만 한국에서는 제대로 운영되는 CVC가 거의 없다. 구글이 구글벤처스를 통해 2019년 70개 넘는 스타트업에 투자하고 중국 레노버홀딩스의 레전드캐피털이 활발한 투자 활동을 벌일 때 한국 기업은 멍하니 허송세월을 보낼 수밖에 없었다.

한국에서 대규모 투자가 적은 이유는 대규모 투자가 가능한 대기업 진입이 규제로 막혀 있기 때문이다. 김삼화 의원은 LG그룹을 예로 들며 이 같은 현실을 꼬집었다. LG그룹은 미국에 LG테크놀로지벤처스라는 CVC를 설립해 현재까지 미국 스타트업에 약 1,900만 달러(약 220억 원)를 투자했다. LG그룹이 한국이 아닌 미국에 CVC를 설립한 것은 실리콘밸리에 진출하려는 목적도 있지만 한국의 대기업 투자 규제도 영향을 미쳤다는 것이다. 김 의원은 적어도 CVC만큼은 금산 분리 규제의 예외로 해야 국내 스타트업 생태계가 활성화할 수 있다고 지적한다.

한국에서는 스타트업이 인수합병을 통해 빠르게 성장하기에도 제약이 많다. 현행 공정거래법은 대기업이 스타트업에 투자하면 지분 중 40% 이상을 확보해 자회사로 편입시키거나 5% 미만 지분 투자만 하도록 규제하는 등 CVC 활동을 제한하고 있다. 2018년 기준 한국 CVC 투자 비중은 건수를 기준으로 미국과 중국에 비해 많았지만, 총 투자액 기준 비중은 17%로 나타나 미국(40%)과 중국(35%)의 절반 이하에 불과했다. 그만큼 국내 기업이 스타트업에 대규모 투자를 하지 못하고 있다는 의미다.

유니콘이 많은 국가 중 눈에 띄는 곳은 중국이다. 광활한 내수 시장을 중심으로 한국과 비교했을 때 스타트업이 성장하기에 유리한 면이 없잖아 있는 것도 사실이지만 내부를 들여다보면 꼭 시장이 전부라고는 볼 수 없다. 대표적인 예로 중국의 차량 공유업체 '디디추싱'의 성장 사례를 들 수 있다. 2014년 디디추싱이 우버와 비슷한 차량 호출 서비스를 출시했을 때 한국과 마찬가지로 기존 산업에 종사하는 사람들로부터 거센 반발을 받았다. 하지만 중국 정부는 디디추싱이 자리를 잡을 때까지 일체 개입하지 않았다. 시장에 맡긴 셈이다.

만약 중국이 디디추싱에 '법'을 운운하고 기존 산업 종사자들의

■ 한국, 미국, 중국 메가 투자 현황 비교

(단위: 억 달러, 건)

- ━○━ 한국
- ━○━ 미국
- ━○━ 중국

602(160)

431(107)

385(177)

250(94) 264(83)

233(82)

233(105)

147(65)

169(61)

69(27)

28.3(4)

10(1)   0(0)   0(0)

5(3)

| 2014 | 2015 | 2016 | 2017 | 2018 | (년) |

*메가투자는 특정 기업에 1억 달러 이상 투자를 의미, 괄호 안은 투자 건수.

〈자료: 스타트업 얼라이언스〉

■ 벤처투자에서 대·중견기업 CVC 비중

(단위: %)

17
한국

40
미국

35
중국

〈자료: CB 인사이트·한국무역협회〉

■ 지주사 CVC 한국에서는 불법

CVC	모회사	한국 적용 시
구글벤처스	알파벳(미국, 구글 지주사)	불법
레전드캐피털	레노버홀딩스(중국)	불법
비전펀드	소프트뱅크G(일본)	불법

〈자료: 스타트업 얼라이언스〉

눈치를 보면서 규제를 가했다면 어땠을까. KOTRA가 2019년 7월 발표한 〈미국과 비교해 본 中 유니콘 기업의 현황 보고서〉에는 중국의 스타트업이 빠르게 성장하는 요인으로 중국 대기업의 역할을 꼽는다. 보고서에 따르면 현재 중국 유니콘 기업 중 50% 이상이 바이두, 알리바바, 텐센트, 징동(BATJ) 등 중국 IT 대기업과 협업 관계에 있는 것으로 조사됐다. 중국 대기업들은 자체적인 개발뿐만 아니라 벤처 인큐베이팅을 통해 신생 기업 및 기존의 중소기업에 대한 기술 협업 및 자금 투자를 통해 보다 많은 비즈니스 기회를 창출하는 선순환적 구조를 가지고 있었다. 규제로 과감한 투자를 하지 못하는 국내 현실과 대비된다.

몰락하는 100년 기업

19세기 후반 발명왕 에디슨이 설립한 GE(General Electric)는 100년 넘게 미국 제조업의 상징이었다. 1981년부터 20년간 최고경영자를 지낸 잭 웰치는 '경영의 귀재'로 추앙받았고, GE의 연수원 크로톤빌은 혁신 사관학교로 불렸다. 전 세계에서 몰려든 기업 경영인들은 크로톤빌 연수를 훈장처럼 명예롭게 받아들였다. GE의 과감한 인수 전략은 경영전문대학원(MBA)과 경영학 교과서에서 금과옥조처럼 여겨졌다.

하지만 100년 넘게 미국의 자존심을 지켜오던 GE가 무너지는 데는 불과 몇 년밖에 걸리지 않았다. 디지털 전환이 빠르게 진행되고, 4차 산업혁명이 기존 산업 질서를 뿌리 채 흔들자 이제 막 존재감을 드러낸 스타트업들조차 글로벌 공룡을 먹잇감으로 삼기 시작했다.

변화 적응을 실패하자 GE의 찬란했던 유산은 언제 그랬냐는 듯 실패의 멍에를 뒤집어썼다. GE의 과감한 인수합병은 '문어발식 사업 확장'이란 딱지가 붙었다. 전성기 때는 GE의 양대 축인 제조와 금융 서비스가 시너지를 내며 성과를 극대화했다는 평가를 받았다. 하지만 금융 사업의 무리한 확장과 부실은 GE의 몰락을 부채질한 결정적인 요인이 됐다. 장기적이고 안정적인 최고경영자 임기와 승계 프로그램은 단기 실적을 내는 데만 급급하던 미국식 전문경영인 체제의 단점을 극복했다는 평가를 받았지만, 이제는 급변하는 변화에 민감하게 대처하지 못한 요인으로 지목된다. GE의 모든 것은 이제 반면교사의 대상이 됐다.

결국 GE는 2018년 미국 증시를 대표하는 다우지수 종목에서 퇴출되는 수모를 겪었다. 그나마 다우지수 초기 구성 종목 중 가장 마지막으로 제외됐다는 점이 위안거리일 뿐이다. GE는 뒤늦게 항공, 전력, 에너지 사업에 집중하겠다는 계획을 내놨지만 과거 명성을 되찾기는 쉽지 않아 보인다.

일본에서는 100년 기업 도시바가 몰락의 길을 걸었다. GE처럼 19세기 후반부터 사업을 시작한 도시바는 냉장고, 세탁기, 컬러TV 등에서 일본 최초의 제품을 만들어냈고, 지금은 누구나 사용하는 낸드 플래시 메모리 반도체도 처음 개발해낸 혁신 기업이었다. 원전에서 반도체, 사회 인프라 시스템까지 워낙 독보적인 기술 기업이라 누구도 도시바의 몰락을 예상치 못했다.

하지만 디지털 시대 변화 속도에 제대로 적응하지 못한 도시바는 추락하는 실적을 되살리기 위해 분식회계까지 손을 댔고, 결국 가전 사업을 중국 기업에 넘기는 등 대대적인 구조조정과 사업 재편에 내 몰리며 쇠락의 길을 걷고 있다.

미국과 일본의 자존심이 단기간에 무너진 것도 놀랍지만, GE나 도시바의 몰락에 산업계가 생각만큼 큰 충격을 받지 않고 있는 점 또한 시사하는 바가 적지 않다. 이미 디지털 신(新) 경제로 산업 구조가 이행돼 공룡의 몰락이 새롭지도 않고, 앞으로 어느 대기업이 희생양이 되더라도 놀라운 일이 아닌 세상에 진입했다는 것이다.

2020년에 접어들면서 본격적으로 모든 산업에서 디지털 전환이 선택이 아닌 생존의 필수로 여겨지고, 모든 최고경영자들이 디지털 전환 속도전을 펴고 있지만, 정보화 물결과 온라인 닷컴 시대가 시작되면서부터 곳곳에서 전통 산업의 생존을 위협해왔다.

카메라 필름은 가장 먼저 디지털 충격에 도달한 산업 가운데 하나다. 미국의 코닥과 일본의 후지필름 사례는 디지털 전환에 뒤처지면 기업의 생사가 얼마나 크게 달라질 수 있는지를 극명하게 보여준다.

코닥은 그 브랜드 자체가 필름 사진의 일반 명사처럼 받아들여질 정도로 독보적이었지만 디지털 도래를 애써 외면하다 몰락했다. 오랜 필름 사업을 통해 특허와 디지털 기술을 개발해놓고도 주력인 기존 필름 사업의 수명 연장에 집착하다 무너졌다. 한때 핸드폰 세계 1위 노키아가 스마트폰 시대를 외면하다 몰락한 것과 유사하다.

반면 일본의 후지필름은 필름 사업에서 쌓아놓은 수많은 화학 관련 특허와 기술을 제약 사업에 활용해 부활에 성공했다. 코닥과 후지필름은 최고경영자의 리더십이 얼마나 일관되고 강력했는지, 조직 내 인재들이 몰려 있고, 강력한 기득권으로 무장한 기존 주력 사업부의 저항을 얼마나 적절하게 관리했는지에 성패가 갈린 사례다.

아마존을 필두로 한 글로벌 플랫폼 기업들과 직접 경쟁에 노출된 유통업계 역시 생존을 위한 사투 중이다. 상당수는 소멸했고 일부는 변신에 성공해 살아남았다.

2018년 10월 파산 보호를 신청한 미국 시어스는 몰락한 유통 공룡의 대표 사례다. 1892년 시카고에서 탄생한 시어스는 세계 최초로 상품 배달 서비스를 시작했다. 이어 백화점 및 대형 마트로 사업을 확대해 한때 미국 전역에 4,000곳이 넘는 매장을 가졌다. 1970~1980년대에는 미국 유통업계 1위이자, 매출이 GDP의 1%를 차지할 정도로 몸집이 컸다.

역사가 120년이 넘는 시어스는 온라인 유통 기업 아마존의 등장으로 직격탄을 맞았다. 온라인 유통 기업으로 변모하는 대신 부동산,

금융 등 다른 사업에 눈을 돌렸고 오프라인에서 온라인으로 옮겨가는 소비자의 행동을 분석하는 데에도 실패했다. 특히 온라인과 오프라인 유통 채널을 통합하는 '옴니채널(Omnichannel)'을 제대로 구축하지 못하면서 역사의 뒤안길로 사라질 수밖에 없었다는 게 전문가들 의견이다.

1902년 설립된 또 다른 미국 백화점 체인 JC페니도 쇠락의 길을 걷는 중이다. 1973년 미국 내 JC페니 매장은 2,053곳이었다. 하지만 2018년에는 872곳으로 쪼그라들었다. 매출액은 2007년 199억 달러에서 2019년 120억 달러로, 같은 기간 종업원 수는 15만 5,000명에서 9만 5,000명으로 감소했다. 뉴욕증권거래소(NYSE)에 상장된 JC페니 주가는 2018년 12월 26일 회사 역사상 처음으로 주당 1달러 미만으로 떨어지는 수모를 겪기도 했다.

영국의 유서 깊은 백화점 BHS도 2016년 파산을 신청했다. BHS는 1928년 창업해 90년 가까이 사업을 이어왔다. 이 밖에도 스러진 유통업계 글로벌 브랜드는 부지기수다. 미국의 여성 의류 매장 드레스반은 2019년 모든 오프라인 매장을 철수했다. 또 글로벌 서점 체인 보더스는 2011년, 완구 유통점 토이저러스는 2017년 각각 파산 보호를 신청했다. 럭셔리 잡화를 판매하던 헨리 벤델도 2018년 모든 매장을 닫고 브랜드도 없앴다. 1913년 설립한 지 123년 만으로, 점점 줄어드는 럭셔리 소비와 온라인 유통의 확대가 브랜드에 사망 선고를 내렸다.

한국 오프라인 유통업의 대표 주자들도 위기감 속에 본격적인 사업 재편에 나서고 있다.

대형마트 이마트가 창사 이래 첫 적자를 낸 신세계그룹은 점포 리뉴얼 등 고강도 조직 개편에 나섰다. 롯데그룹도 계열사에 흩어졌던 온라인 사업 부문을 통합해 본격 육성에 나섰다 산업통상자원부에 따르면 한국 내 온오프라인 매출 비율은 2018년 37.9% 대 62.1%, 2019년 41.2% 대 58.8%으로 온라인 비중이 40%를 넘긴 상태다.

상품과 소비자를 연결하는 유통업은 20세기 대중·대량 소비 사회와 동시에 태어났다. 하지만 2020년 현재, 전 세계 유통업계를 대표해온 거대 브랜드들은 두 방향에서 오는 충격을 정면으로 받으며 침몰 중이다. 첫 번째 충격은 오프라인의 온라인 대전환이다. 두 번째 이자, 더 치명적 타격은 '피크 유스(Peak Youth)'다.

미국 투자은행 뱅크오브아메리카는 〈2020년 경제 전망 보고서〉에서 "2020년부터 전 세계 인구에서 유아가 차지하는 비중은 줄어들고, 노인 비율이 급격히 늘면서 인류 역사상 처음으로 65세 이상 인구가 5세 미만보다 많아지는 시대가 열린다"고 예측했다. 인구가 정점을 찍으면서, 소비 사회도 피크를 지나 하강·변화 국면에 접어드는 것이다.

인구 구조 변화는 우선 소비 여력을 줄이면서 유통업체 실적 부진으로 이어진다. 또 소비 패턴이 변화하면서 물건을 배송하는 형태도 크게 달라진다. 인구가 줄어드는 지역을 중심으로 오프라인 매장이 사라지고 온라인 유통이 대세가 된다. 시어스, JC페니처럼 '아마존이 죽인 오프라인 유통 기업' 명단이 더욱 길어질 수 있는 것이다.

전문가들은 기존 오프라인 유통 기업은 물론, 온라인 유통 기업이 피크 시대(Decade of Peak)를 살아남기 위해서는 온오프라인을 넘나드는 옴니채널 전략이 필수라고 본다. 백화점과 대형마트, 홈쇼핑, 온라인 쇼핑몰처럼 각각의 유통 채널을 분리할 게 아니라 하나로 통합해야 한다는 분석이다. 고객이 온라인에서 구매하고 가까운 오프라인 매장에서 물건을 찾거나, 온라인 구매 물건에 대한 교환 · 환불을 오프라인 매장에서도 가능하도록 하는 방식이 모두 옴니채널의 사례다. 하버드비즈니스스쿨(HBR)이 2015~2016년 4만 6,000여 명의 소비자를 조사한 결과 오프라인 유통 채널만 이용한 조사 대상은 전체의 20%, 온라인만 이용한 비율은 7%였다. 나머지 73%는 여러 채널을 함께 활용해 소비했다.

회계법인 삼정KPMG도 최근 보고서를 통해 플랫폼 기업들이 온라인에 이어 전통 기업들의 영역이던 오프라인에도 진출하는 '믹스번들' 전략으로 성장을 도모하고 있다고 분석했다.

LVMH(루이비통모에헤네시)그룹의 화장품 유통 편집숍인 세포라(Sephora)는 1970년 프랑스에서 설립돼 1997년 LVMH에 인수됐다. 미국에는 1998년에 진출했는데, 현재 LVMH 그룹이 미국에서 내는 매출의 거의 절반을 담당하고 있다.

삼정KPMG는 세포라가 미국에서 잘 나가는 배경을 믹스 번들 전략에서 찾는다. 세포라는 오프라인 매장 다수를 중심 상권의 '앵커 스토어'로 두고, 불특정 다수의 고객을 끌어모은다. 오프라인 매장은 이들이 각종 제품을 직접 체험할 수 있도록 하면서 온라인에서 제품을 구매하는 것과 다르게 경험과 커뮤니티 플랫폼 역할을 한다. 세포라는 페이스북과 인스타그램에서 아이디어를 얻어 '뷰티 인사이더 커뮤니티'라는 자체 온라인 플랫폼도 구축했다. 소비자 패턴을 데이터로 가공해 자산으로 축적하기 위해서다.

온라인 유통의 대세화 바람에도 체질 개선에 성공한 미국 대형 오프라인 유통 기업 월마트는 이 같은 옴니채널을 적절히 구축한 것으로 평가받는다. 월마트는 미국과 인도의 전자상거래 기업인 제트닷컴과 플립카트 등을 인수하며 온라인 사업 역량을 키웠다. 또 고객이 온라인으로 상품을 주문하고 오프라인 매장에 방문해 찾는 클릭 앤 컬렉트(Click & Collect) 방식도 도입했다. 클릭 앤 컬렉트는 배송료 등 고객의 쇼핑 비용을 낮출 뿐더러 오프라인 매장의 유입 인구를 늘리는 효과도 있다. 월마트는 이런 전략이 적중해 2018년 매 분기별 온라인 유통 매출이 전년 동기 대비 33~43% 성장하는 성과를 냈다.

다윗처럼 민첩하게,
파괴적 혁신자로 나선 골리앗들

성장 한계를 뜻하는 피크 쇼크를 극복하기 위해서는 파괴적 혁신이 필요하다. 역사적으로 파괴적 혁신의 주체는 대부분 신생 기업이었다. 기존 기업들은 신생 기업, 특히 새로운 디지털 기업의 출현을 막을 수 없다. 그렇다면 기존 기업(골리앗)은 무엇으로 신생 기업(다윗)에 잠식당하지 않고 살아남을 수 있을까.

전문가들은 "대기업과 제조 중심의 경제 구조를 가진 한국 경제 특성상 골리앗의 생존이 다윗의 등장만큼이나 중요하다"며 "혁신이 스타트업의 전유물이라는 고정 관념을 버려야 한다"고 지적한다. 인공지능, 5세대 이동통신, 로봇, 빅데이터, 사물인터넷 등 디지털 기술 혁신이 가속화하는 4차 산업혁명의 거대한 물결은 기존 강자들에게 위기일 뿐만 아니라 기회라는 얘기다. 기존 강자들이 자신만의 강점을 잘 활용하면 시장 수성이 가능할 뿐만 아니라 스스로 파괴적 혁신자가 될 수 있다는 것이다. 이른바 '골리앗의 복수(Goliath's Revenge)'다.

실제로 IT, 가전, 자동차 등 업종 간 경계가 무너지고 기존에 없던 새로운 시장이 창출되는 피크 쇼크 시대를 맞아 기존 강자들이 파괴적 혁신자로 변모하는 사례도 속속 나오고 있다.

유럽 최대 제조 기업인 독일의 지멘스가 대표적인 예다. 1950년대부터 공장 자동화 설비를 만들며 공장 자동화의 선도자 역할을 해왔던 지멘스는 기존 공장 자동화에서 한 단계 더 나아간 '스마트 팩토리'를 세계 최초로 실현하면서 '4차 산업혁명'이라는 새로운 화두를 처음으로 던졌다.

지멘스가 독일 바이에른 주에 위치한 인구 4만 명의 소도시 암베르크에 세운 최초의 스마트 팩토리는 사물인터넷 등 소프트웨어를 기반으로 빅데이터를 축적해 제품 공정을 최적화함으로써 불량률은 50분의 1 수준으로 줄이면서 생산량을 8배 끌어올리는 기적을 연출했다.

지멘스는 수년 전부터 '디지털 기업으로의 대전환'을 공개 선언했다. 이후 소프트웨어 회사 17개를 인수하고 조직을 개편하는 등 디지털 트랜스포메이션에 회사의 앞날을 베팅했다. 특히 사이버 공간에

현실 공장의 쌍둥이(트윈)를 만들고 발생할 수 있는 상황을 컴퓨터로 시뮬레이션해 결과를 미리 예측하는 지멘스의 '디지털 트윈' 기술은 세계 최고로 손꼽힌다.

혁신의 목표를 경쟁자들과는 완전히 다른 레벨로 설정해 성공한 사례도 있다. 이른바 '10X' 전략이다. 10X 전략은 특정한 혁신을 이뤘을 때 고객 경험과 성과들이 기존 대비 10배 나아지게 하는 것을 의미한다.

10X 전략의 대표 주자는 구글이다. 구글 창업자 래리 페이지는 "10% 개선보다 10배 개선이 오히려 쉽다"며 혁신을 강조했고, 몇몇 프로젝트에서 대성공을 거뒀다. 웨이모로 독립한 자율주행차 사업이 대표적이다.

매년 수백만 명이 교통사고로 죽어가는 문제를 해결하는 방법은 차량을 개선하거나, 과속을 줄이거나, 별도의 규제를 도입해 해결할 수 없다. 고정 관념을 뒤집어 아예 인공지능에 의해 스스로 안전하게 움직이는 차를 만들어 교통사고 자체를 원천적으로 없애버리자는 것, 이 같은 10X 전략이 당시에는 무모한 것으로 보였던 자율주행차 사업을 시작하게 한 원동력이었다.

구글 지메일 역시 10X 전략의 성공 사례다. 2004년 구글이 지메일을 출시했을 때, 구글은 지메일 사용자들에게 1기가바이트(GB)의 용량을 무료로 제공했다. 지금 보면 그다지 특별할 게 없어 보이지만, 당시 주요 이메일 서비스업체들이 제공하던 용량은 적게는 몇 메가바이트(MB), 많아봐야 수십 메가바이트에 불과했다. 이메일 용량이 다 차서 새 메일을 못 받는 등 당시 이메일 사용자들이 느끼던 불편함들을, 지메일은 한순간에 없애버렸고, 그 결과 대성공을 거뒀다.

"혁명적인 제품은 이따금씩 모든 것을 바꿔 놓는다"는 어록을 남긴 스티브 잡스 역시 10X 전략의 신봉자였다. 그는 아이폰을 세상에 처음 내놓으며 이렇게 말했다. "오늘 우리는 세 가지 혁신적인 제품을 소개합니다. 와이드 터치 스크린 아이팟, 혁명적인 모바일 폰, 그리고 끊기지 않는 인터넷 커뮤니케이션 디바이스. 아이팟, 전화, 인터넷 이 세 가지는 더 이상 따로가 아닙니다. 하나입니다. 우리는 이것을 아이폰이라 부릅니다."

이렇게 출시된 아이폰은 경쟁자였던 모토로라나 노키아의 제품보다 10배 이상 더 팔렸을 뿐만 아니라 컴퓨터 · 통신 산업에서 미디어 산업에 이르기까지, 말 그대로 "세상을 바꿨다".

전통 산업으로 여겨지는 섬유 · 패션 분야에서도 '골리앗의 복수'는 이뤄지고 있다. 대표적인 사례가 버버리다.

20여 년 전만 해도 버버리의 상황은 암담했다. 지나친 대중화로 제품 명성이 떨어질 대로 떨어진 나머지, 버버리는 '훌리건들이 즐겨 입는 옷'이 되기에 이르렀다. 신임 최고경영자가 첫 임원 회의를 소집했을 때 트렌치코트를 입고 나타난 사람이 단 한 명도 없을 정도로, 버버리의 이미지는 내부에서부터 무너지고 있었다.

반전의 계기는 2006년 '디지털 기업으로의 변신'을 선언하면서 찾아왔다. 럭셔리업계에서 주목하지 않던 밀레니얼 세대를 주 타깃으로 설정한 버버리는 SNS를 통해 런웨이를 전 세계에 생중계하고, 마음에 드는 상품을 바로 구매할 수 있는 시스템을 갖추는 등 디지털 기술을 적용해 패션 산업의 전통적인 구조를 혁신하는 데 성공했다.

버버리는 매장 상품에 RFID 태그를 붙여 스마트폰을 갖다 대면 해당 제품이 어떻게 생산됐는지에 관한 정보를 알려주고, 옷을 입는 법이나 관리법도 제안했다. 페이스북의 '챗봇'을 활용해 새로운 상품 정보를 고객들에게 실시간으로 제공하고, 채팅하면서 매장으로 바로 올 수 있는 우버 예약 서비스를 도입하기도 했다. 인공지능을 이용해 특정 부분의 사진만으로 위조품 여부를 98%의 정확도로 판별할 수 있는 서비스도 선보였다. 이 같은 혁신 덕에 버버리는 디지털 기업으로의 변신을 선언한 지 3년 만에 흑자로 돌아섰고, 밀레니얼 세대의 마음을 사로잡은 '디지털 럭셔리'의 선두 주자로 꼽히게 됐다.

비즈니스 전략 컨설팅업체 TCG 어드바이저의 토드 휴린 대표는 리더십 컨설팅사 헨드릭&스트러글스의 파트너 스콧 스나이더와 함께 '골리앗의 복수' 이론을 정립하고, 이를 정리해 책도 펴냈다. 《골리앗의 복수: 기존 기업이 디지털 기업들에 반격할 수 있는 방법(Goliath's Revenge: How Established Companies Turn the Tables on Digital Disruptors)》'이 그것이다.

이 책에는 골리앗이 자신의 강점을 잘 활용해 다윗의 거센 도전을 막아낸 사례들이 여럿 담겨 있다. 미국의 'TWC(더 웨더 채널)'과 남아프리카공화국 보험사 '디스커버리'가 대표적인 사례다.

TWC는 방송 환경 급변으로 케이블 TV 시장이 고전하면서 2011년 7월부터 4년간 채널 가입자 수가 11.2%나 감소하는 등 큰 위기를 겪었다. 위기 극복 방안을 모색하던 TWC는 자사가 가진 자산들을 하나하나 검토하기 시작했고, 미국 전역에 설치된 200개의 기상국에 주목했다. 미국 전역을 커버하는 어마어마한 날씨 데이터를 확보하고 있다는 것을 확인한 TWC는 이를 활용하기 위해 '웨더언더그라운드'라는 마이크로 기상 데이터사를 사들였고, 마이크로 데이터에 빅데이터를 붙여 애플와치 등에 날씨 관련 정보를 독점적으로 공급하면서 턴어라운드에 성공했다.

디스커버리는 비즈니스의 틀을 다시 짜 성공한 사례다. 이 회사는 보험 비즈니스의 기본인 인구 사망, 부상 등에 관한 데이터가 턱없이 부족해 실적이 들쭉날쭉했다. 이에 따라 디스커버리는 비즈니스 목표를 '가입자를 건강하게 살게 하는 것'으로 전환했다. 아울러 바이탈리티라는 스타트업과 함께 가입자 건강 증진 활동 권유 프로그램을 도입했다. 가입자가 매주 정해진 운동량을 달성하거나 정기 검진 등 건강에 도움이 되는 행동을 하면 보험료 할인이나 무료 쿠폰 같은 각

종 혜택을 제공하는 방식이다

발상의 전환은 대성공을 거뒀다. 보험 가입자 수가 늘었을 뿐만
아니라, 의료비가 줄어들면서 보험료 할인에도 불구하고 이익이 늘
었다. 〈매경이코노미〉 보도에 따르면 바이털리티 가입자의 사망률은
비가입자에 비해 27% 낮았고, 평균 기대 수명도 남아프리카공화국
평균인 63세보다 월등히 높은 81세로 조사됐다.

국내 대기업들도 다윗처럼 민첩하게 '파괴적 혁신자'로 나서고 있
다. 삼성이 대표적이다. 토드 휴린 대표는 최근 〈매일경제〉 '비즈타임
즈'와의 인터뷰에서 한국 기업 중 '골리앗의 복수 전략'에 따라 성공
한 사례를 들어달라는 질문에 삼성을 꼽았다. 그는 "삼성은 '큰 혁신
(혁신을 불러오기 위한 최고경영자의 통 큰 투자)'과 '작은 혁신(혁신을 위한 사
내 문화 조성)'에 대한 의지를 지속적으로 보여왔다"며 "거대 기업임에
도 '우리가 모든 것을 다 할 수 있다'는 생각을 하지 않고 혁신 네트
워크 구축에 힘쓰고 있다"고 말했다.

삼성전자는 2019년 초 CES 개막을 앞두고 애플과의 협업을 전격
발표해 시장에 놀라움을 안긴 바 있다. 당시 삼성은 "TV가 더 많은 호
환성을 갖고 많은 디바이스를 통제할 수 있어야 한다"는 방침 하에
삼성전자 스마트 TV에 애플 아이튠스 무비·TV쇼와 에어플레이2를
동시에 탑재했다.

애플, 엔비디아, 퀄컴, 인텔 등 미국의 내로라하는 정보 통신 기술

기업과 글로벌 공급망을 형성한 삼성은 글로벌 기업들과 폭넓은 네트워크를 구축하고 있다. 이재용 삼성전자 부회장은 글로벌 리더들과 네크워크를 지속 확대해왔다. 2019년에만 무케시 암바니 인도 릴라이언스그룹 회장, 손정의 소프트뱅크 회장, 팀 회트게스 도이치텔레콤 최고경영자, 마르쿠스 발렌베리 스톡홀름엔스킬다은행(SEB) 회장 등 글로벌 비즈니스 리더들을 연달아 만나 협력 방안을 논의했다.

삼성전자는 사내 벤처 프로그램을 통해 스타트업의 '야성'을 조직에 불어넣고 있다. 2012년 시작한 삼성 C랩은 국내 대기업이 운영하는 사내 벤처 프로그램의 롤 모델로 자리 잡았다. 기술 개발과 창

삼성전자 사내 스타트업 육성 프로그램 'C랩'에 참가한 임직원들　　　　　　　　　〈자료: 삼성전자〉

업에 대한 의지를 높일 뿐 아니라 조직 문화를 유연하게 만드는 데도 효과를 내고 있다는 평가를 받고 있다. 삼성전자는 인공지능, 자율주행, 사회 공헌 등 다양한 분야에서 임직원들의 아이디어를 받고 있는데, 임직원들이 매년 1,000개 이상의 아이디어를 제출할 만큼 사내 반응이 뜨겁다. 4년 만에 145명의 임직원이 스타트업에 도전해 40개 기업을 창업하는 등 실제 성과도 쏟아지고 있다.

현대자동차는 2019년 10월 운전자의 주행 성향에 맞는 부분 자율주행을 구현하는 기술인 '머신러닝 기반 스마트 크루즈 컨트롤(SCC-ML)'을 세계 최초로 개발하고, 11월에는 증강현실(AR)로 길 안내를 돕는 내비게이션과 차량 내 간편 결제 기능 등을 탑재한 첨단 인포테인먼트 시스템의 개발을 완료하는 등 디지털 기술을 자사 제품에 적용하기 위해 노력하고 있다. 글로벌 혁신의 심장부인 미국 실리콘밸리 지역에 '현대 크래들(Hyundai Cradle)'을 오픈하고 스타트업에 대한 투자와 공동 기술 개발에도 본격 착수했다

LG전자는 디지털 혁신에 속도를 내기 위해 지멘스와 손잡고 스마트 팩토리를 추진 중이다. 클라우드 센터를 '디지털 트랜스포메이션 테크놀로지(DXT) 센터'로 재편하는 등 디지털 혁신을 위한 조직 개편 작업도 마무리했다.

이와 관련해 김창경 한양대 교수는 〈매일경제〉와의 인터뷰에서 "'워터폴 방식(위에서 아래로 내려오는 일 처리)'에서 '애자일 방식(변화에 민

첩하게 대응)'으로 기업 리더십 전환이 필요한 시기"라며 "대기업의 모든 조직이 스타트업처럼 기민하게 행동할 수 있어야만 새로운 시대에서 기업의 생존이 가능하다"고 말했다.

삼성전자의 돌격,
가열되는 시스템 반도체 경쟁

"메모리(D램, 낸드플래시) 업황 악화에 따른 어려움을 호소하기보다 아직 메모리에 비해 갈 길이 먼 비메모리(시스템 반도체) 사업을 육성하겠다. 2030년에는 메모리 1위는 물론 비메모리에서도 1위를 달성하겠다."

2019년 1월 이재용 삼성전자 부회장이 경기 화성 캠퍼스(반도체 사업장)에서 내놓은 사업 목표다. 이 부회장의 선언은 삼성전자의 사업 포트폴리오와 성장 동력 육성에서 중요한 계기가 마련되고 있음을 보여준다. 더불어 메모리의 최강자인 삼성전자가 시스템 반도체 시장을 더욱 적극적으로 공략하겠다고 선언한 것은 이 시장에서 글로벌 업체들의 경쟁이 가열될 것이라는 신호탄이기도 하다. 특히 시스템 반도체 중 삼성전자가 글로벌 시장에서 2위를 기록하고 있는 파운드리(반도체 위탁 생산)와 이미지 센서 등의 경쟁이 그렇다.

세계 최대 파운드리업체 대만 TSMC나 이미지 센서 1위인 일본 소니의 입장에서는 삼성전자의 행보에 경계심을 가질 수밖에 없다. 삼성전자의 시스템 반도체 선언 후 파운드리나 이미지 센서에서 나타나고 있는 기술·투자 경쟁 등이 이런 양상을 보여준다.

그렇다면 왜 삼성전자는 메모리에서 압도적인 경쟁력을 갖고 있는데도 시스템 반도체 카드를 꺼내들었을까. 삼성전자는 인텔과 함께 매출 기준으로 '세계 최대 반도체 기업' 자리를 두고 다투고 있지만, 사업 내용은 크게 다르다. 삼성전자가 메모리에서 압도적 위치를 점유하고 있다면 인텔은 CPU(중앙처리장치)를 비롯한 시스템 반도체를 중심으로 사업을 진행하며 낸드플래시 등도 만들고 있다.

메모리는 데이터를 저장하는 기능을 갖고 있고 시스템 반도체는 데이터의 연산·제어 등을 담당하며 '두뇌' 역할을 한다. 스마트폰의 두뇌 역할을 하는 모바일 애플리케이션 프로세서(AP)를 비롯해 GPU(그래픽처리장치), 차량용 반도체, 이미지 센서 등 수많은 제품이 존재한다.

메모리 분야에서 삼성전자의 지배력은 공고하다. 글로벌 시장조사업체인 IHS마킷에 따르면 2019년 3분기 D램 시장에서 삼성전자는 44.4%의 점유율로 1위를 기록했고 그 뒤를 SK하이닉스(28.1%), 마

■ 2019년 3분기 글로벌 D램 시장 점유율 (매출액 기준)

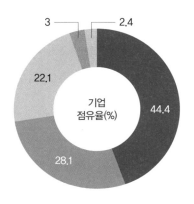

3 ─── ┌── 2.4

22.1

기업
점유율(%)

44.4

28.1

● 삼성전자(한국) ● SK하이닉스(한국) ● 마이크론(미국) ● 난야(대만) ● 기타

〈자료: IHS마킷〉

■ 2019년 3분기 글로벌 낸드플래시 시장 점유율 (매출액 기준)

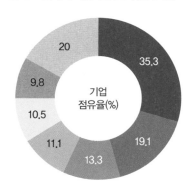

20

9.8

기업
점유율(%)

35.3

10.5

11.1

13.3

19.1

● 삼성전자(한국) ● Kioxia(일본) ● 웨스턴디지털(미국) ● 인텔(미국)
● 마이크론(미국) ● SK하이닉스(한국) ● 기타

〈자료: IHS마킷〉

이크론(22.1%) 등이 쫓고 있다. 낸드플래시 시장에서는 삼성전자가 35.3%의 점유율로 1위를 달렸고 Kioxia(옛 도시바)가 19.1%, 웨스턴디지털이 13.3%, 인텔이 11.1%, 마이크론이 10.5% 등을 기록했다.

이 수치에서 삼성전자의 고민을 일부 엿볼 수 있다. 메모리에서 2위와 큰 격차를 두고 1위를 달리고 있지만, 이미 높은 점유율을 올리고 있는 데다가 경쟁사들과의 시장 구도도 어느 정도 형성돼 있어 추가로 시장 지배력을 크게 높이기는 쉽지 않을 수 있다는 분석이 나온다.

메모리보다 시스템 반도체 시장이 더 크고 성장 속도도 더 빠를 것이라는 전망에도 반도체업체들은 주목한다. IHS마킷은 2020년 글로벌 메모리 시장 규모를 1,753억 3,300만 달러로, 시스템 반도체 시장을 3,435억 9,500만 달러로 추정한다. 전체 반도체 시장에서 메모리와 시스템 반도체가 차지하는 비중은 각각 34%, 66%인데, 이게 2022년에는 31%, 69%로 벌어질 것이라는 예측도 내놓았다. 4차 산업혁명이 진행되고 5세대 이동통신, 사물인터넷, 인공지능 등 다양한 기술들이 진전되면서 메모리의 수요도 늘겠지만 이보다 시스템 반도체의 쓰임새가 더 커질 것이라는 전망도 나온다.

글로벌 경기에 적잖은 영향을 받는 메모리에 편중된 사업 구조를 가진 탓에 D램 값이 내려가면 전체 실적이 영향을 받는 것도 삼성전자의 고민이다. 시스템 반도체의 비중을 높여 사업 포트폴리오를 좀 더 효율적으로 만들 필요가 있는 셈이다.

이미 2018년 4분기부터 글로벌 정보통신기술업체들의 '데이터 센터' 수요 둔화, 중국의 경기 둔화, 메모리 업체의 공급 과잉 등이 겹쳐 D램과 낸드플래시 값이 약세를 거듭하면서 삼성전자 실적에도 악영향을 미쳤다. D램 값(DDR4 8기가바이트, 고정 거래가 기준)은 2018년 9월 8.19달러였으나 하락세를 거듭하다가 2019년 12월에는 2.81달러를 기록했다. 2019년 삼성전자 매출액은 230조 4,009억 원으로 전년 대비 5.48% 감소했으며 영업 이익은 반도체 이익률이 악화된 영향에 전년 대비 52.84% 급감한 27조 7,685억 원을 기록했다. 2019년 삼성전자 반도체 부문의 매출은 69조 9,400억 원으로 전년 대비 24.7% 줄었고 영업 이익은 3조 4,500억 원으로 전년 대비 55.6% 감소했다.

삼성전자는 2017~2018년 반도체 '슈퍼 호황'에 2년 연속 반도체 부문 매출액과 영업 이익이 모두 인텔을 압도하며 '세계 최대 반도체 기업'의 자리를 차지했다. 그러나 업황 변동에 영향을 크게 받는 메모리 반도체 실적이 급락하며 2019년 시스템 반도체를 주력으로 견조한 실적을 유지한 인텔에 3년 만에 그 자리를 내줬다. 2019년 평균 환율을 반영한 인텔의 매출액과 영업 이익은 각각 83조 9,500억 원, 25조 6,500억 원으로 삼성전자 반도체 부문을 앞섰다.

D램과 낸드플래시에서 많은 돈을 벌어왔지만 점유율이나 시장 상황, 가격 변화, 실적 등을 감안할 때 여기에만 매달려 있을 수는 없

다는 분석이 나온다. 이에 따라 삼성전자가 사업 포트폴리오를 개선하고 미래를 먹여 살릴 수 있는 성장 동력을 육성하는 차원에서 선택한 것 중 하나가 시스템 반도체인 셈이다.

메모리에서 삼성전자와 SK하이닉스를 앞세운 한국의 존재감은 무시무시하지만 시스템 반도체로 들어가면 사정이 달라진다. 시스템 반도체에서는 미국과 대만 기업이 강세를 보인다.

시스템 반도체업계는 설계만 전문으로 하는 팹리스와 이들이 설계한 제품을 위탁 생산하는 파운드리로 구성된다. 이와 함께 인텔처럼 설계·생산을 모두 할 수 있는 능력을 갖춘 종합 반도체 기업도 있다.

IHS마킷의 2018년 통계에 따르면 팹리스에서 모바일 애플리케이션 프로세서 등으로 유명한 미국의 퀄컴이 매출 163억 9,000만 달러를 기록해 글로벌 1위를 기록했고, GPU로 유명한 미국 엔비디아가 103억 9,000만 달러로 그 뒤를 따랐다. 대만 미디어텍이 78억 8,000만 달러로 3위를, CPU와 GPU를 설계하는 미국 AMD는 4위를 기록했다. 중국 기업 하이실리콘은 5위에 이름을 올렸다. 글로벌 탑5 팹리스 가운데 미국 기업이 3개 들어 있을 정도로 팹리스 부문에서 막강한 영향력을 펼치고 있다. 여기에 더해 CPU를 설계하고 생산도 하는 인텔까지 합치면 시스템 반도체 부문에서 미국의 위력은 엄청나다. 대만도 미디어텍을 비롯해 매출 9위(노바텍), 11위(리얼텍) 업체를

■ 2019년 4분기 글로벌 파운드리 시장 점유율 (매출액 기준)

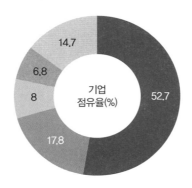

기업
점유율(%)

52.7
17.8
8
6.8
14.7

● TSMC(대만)　● 삼성전자(한국)　● 글로벌파운드리(미국, UAE)　● UMC(대만)　● 기타

〈자료: 트렌드포스〉

■ 2019년 글로벌 이미지 센서 시장 점유율 (CMOS 이미지 센서 매출액 기준)

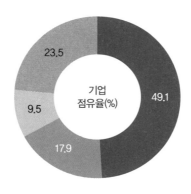

기업
점유율(%)

49.1
23.5
9.5
17.9

● 소니(일본)　● 삼성전자(한국)　● 옴니비전(미국)　● 기타

〈자료: TSR〉

보유하고 있어 팹리스 시장에서 제법 힘을 쓰고 있다. 하지만 한국은 존재감이 낮다.

IHS마킷의 2018년 집계에 따르면 글로벌 팹리스 시장에서 미국의 점유율은 61.4%에 달했고 대만은 19%였던데 비해 한국은 일본(2.5%)보다도 뒤지는 1.6%에 그쳤다.

파운드리는 그나마 삼성전자가 2위에 이름을 올리고 있어 팹리스보다는 나은 상황이다. 팹리스의 최대 강자는 대만의 TSMC이다. 트렌드포스에 따르면 매출 기준으로 2019년 4분기 글로벌 파운드리 시장 점유율은 TSMC가 52.7%로 압도적 1위를 달렸고 삼성전자는 17.8%로 2위를 기록했다. 글로벌 파운드리(미국, UAE)가 8%로 3위, 대만 UMC는 6.8%로 4위를 기록했다.

이미지 센서에서는 일본의 소니가 앞서가고 삼성전자가 뒤를 쫓고 있는 양상이다. 이미지 센서는 카메라를 통해 들어온 외부 이미지를 디지털 신호로 전환해주는 역할을 하는 반도체다. 스마트폰, 디지털카메라, 자동차 등에 활용된다. TSR에 따르면 2019년 글로벌 이미지 센서 시장에서 소니는 49.1% 점유율로 1위를 달렸고 삼성전자는 17.9%의 점유율로 2위를 기록했다. 미국의 옴니비전은 9.5%의 점유율로 3위에 올랐고 SK하이닉스는 6위였다.

스마트폰 카메라의 증가와 함께 이미지 센서 시장은 놓쳐서는 안 될 분야로 커나가고 있다. TSR에 따르면 글로벌 이미지 센서 시장 규

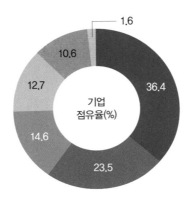

■ 2019년 글로벌 모바일AP 점유율 (매출액 기준)

기업
점유율(%)

1.6
10.6
12.7
14.6
23.5
36.4

● 퀄컴(미국)　● 애플(미국)　● 하이실리콘(중국)　● 삼성전자(한국)　● 미디어텍(대만)　● 기타

〈자료: 스트레티지 애널리틱스〉

모는 2018년 134억 3,000만 달러에서 2019년 172억 4,400만 달러 수준으로 커졌다. 2020년 210억 1,900만 달러, 2021년 237억 8,800만 달러, 2022년 257억 9,600만 달러, 2023년 270억 5,000만 달러로 커질 것으로 예상된다.

휴대전화의 두뇌에 해당하는 모바일 애플리케이션 프로세서 시장의 경우, 시장조사기관 스트레티지 애널리틱스에 따르면 2019년 미국 퀄컴이 36.4%를 차지한 절대 강자이고 애플은 23.5%로 2위, 중국 하이실리콘은 14.6%로 3위, 삼성전자는 12.7%로 4위였다.

삼성전자는 2030년까지 시스템 반도체에서 글로벌 1위에 오르겠다는 목표를 달성하기 위해 133조 원을 투자하고 전문 인력 1만 5,000여 명을 채용하겠다는 계획을 2019년 발표했다. 2030년까지 연구개발에 73조 원, 최첨단 생산 시설 구축에 60조 원이 투자된다. 시스템 반도체 육성을 위해 연평균 11조 원을 투입하는 셈이다.

삼성전자는 2019년 투자 계획을 발표하면서 국내 시스템 반도체 생태계 지원 방안도 공개했다. 대규모 연구개발 투자를 통해 국내 시스템 반도체 연구 인력 양성에 기여하는 동시에 국내 중소 반도체 설계·설비·소재업체들을 지원해 시스템 반도체 생태계를 더욱 강화한다는 게 삼성전자의 전략이다.

삼성전자가 시스템 반도체 육성 계획을 추진하면서 주목을 받고 있는 분야가 파운드리, 이미지 센서, 차량용 반도체, 차세대 반도체 등이다. 삼성전자가 현재 어느 정도 경쟁력을 갖고 있거나 시장 지배력을 높일 가능성이 있는 분야들이다. CPU처럼 삼성전자가 별다른 성과를 내지 못했던 부문에 힘을 쏟기보다 어느 정도 경쟁력을 갖고 있는 분야를 집중 육성하는 게 효율성을 높이는 방안이라는 분석도 나온다.

당연히 이 같은 분야에서는 향후 글로벌 업체들과의 경쟁이 더 가열될 것으로 예상된다. 파운드리의 강자 대만 TSMC나 이미지 센서 1위 소니 입장에서는 기술력과 자금력을 갖춘 삼성전자의 공격적 태세를 경계하지 않을 수 없는 이유다.

우선 파운드리에서 대만 TSMC와 삼성전자의 격차는 제법 크다. 하지만 삼성전자가 기술 개발에 팔을 걷어붙여 경쟁이 가열되고 있다. 파운드리는 특히 미세 공정(회로의 선폭을 줄이는 기술) 역량에 따라 경쟁력이 좌우될 수 있는데 이를 두고 삼성전자와 TSMC가 치열한 경쟁을 벌이고 있다.

예를 들어 삼성전자가 2019년 4월 미세 공정 개발에 유리한 극자외선(EUV)을 적용해 '5나노 공정' 개발에 성공했다고 발표하자 얼마 지나지 않아 TSMC가 2021년부터 '5나노미터 플러스(5nm+)' 미세 공정 기술을 파운드리에 적용해 반도체를 양산하겠다는 계획을 내놓았다.

나노 공정은 회로 폭을 나노미터(nm, 1나노미터는 10억 분의 1미터)급으로 줄여 반도체를 만드는 공정을 말한다. 5나노 공정은 반도체 소자에 들어가는 회로 선폭이 5나노미터급(머리카락 굵기의 2만 4,000분의1 수준)임을 의미한다. 나노 공정이 미세해질수록 칩의 크기를 줄일 수 있고 전력 효율도 높일 수 있다. 이와 함께 칩이 작아져 웨이퍼당 생산량이 증가하고 원가 경쟁력도 높아진다. 5나노 공정은 기존 7나노 공정에 비해 칩의 전력 효율은 20%, 성능은 10% 좋아지고 크기도 줄일 수 있다는 게 삼성전자 설명이다.

삼성전자는 2020년 초 세계 최초로 3나노미터 초미세 반도체 공정 기술 개발에 성공하며 TSMC를 압박했다. 3나노 공정 기술에는 반도체 미세화의 한계를 극복할 수 있는 차세대 기술인 GAA(Gate-All-Around)가 적용됐다. GAA는 회로의 모든 면이 전류를 제어하는 게이트에 접촉된 구조로 최근 삼성전자가 공정 개발을 완료한 5나노 제품에 비해 칩 면적을 35% 줄이는 동시에 소비 전력을 50% 감소시키면서 처리 속도는 약 30% 향상시킬 수 있다.

이미지 센서에서도 경쟁은 치열해지고 있다. 일본 언론에서는 소니가 2021년 가동을 목표로 1,000억 엔을 들여 스마트폰용 이미지 센서 공장을 세울 계획이라는 보도가 나왔다. 수요 확대에 대비하려는 목적이 크겠지만, 삼성전자가 기술 개발을 앞세워 추격하고 있는 것을 의식했다는 분석도 나온다. 공격적 투자를 통해 삼성전자와의 격차를 더 벌이려는 시도로 보인다는 의미다. 소니는 2019년 5월 2020년까지 1조 엔으로 잡혀 있던 이미지 센서 설비 투자 규모를 1조 1,000억~1조 1,200억 엔으로 확대하겠다고 밝힌 적이 있다.

삼성전자는 기술력으로 소니 추격에 박차를 가하고 있다. 삼성전자는 2019년 8월 초소형 0.8마이크로미터(㎛, 100만 분의 1미터) 픽셀을 적용해 1억 800만 화소를 구현한 이미지 센서 신제품 '아이소셀 브라이트 HMX'를 개발해 양산에 들어갔다. 디지털 카메라용에서는 1억 화소를 훌쩍 넘는 제품 등도 나와 있지만 모바일용 이미지 센서로 1억 화소를 돌파한 것은 삼성전자가 처음이었다. 1억 개가 넘는 화소를 구현하기 때문에 기존 모바일 기기에서 표현하지 못했던 세세한 부분까지 이미지로 담아내는 초고해상도 촬영이 가능하다.

이에 앞서 삼성전자는 2019년 5월 0.8마이크로미터 픽셀을 활용해 6,400만 화소 모바일용 이미지 센서도 세계 최초로 공개하고 같은 해 하반기부터 양산에 들어간 바 있다. 이어 3개월 만에 화소를 68.8%나 높인 제품을 내놓으며 기술력으로 소니를 압박했다.

차세대 반도체도 삼성전자의 목표에 들어 있다. 삼성전자는 인공지능에 활용되는 차세대 반도체인 신경망 처리 장치(NPU, Neural Processing Unit) 시장을 선점하기 위해 2030년까지 관련 인력을 10배 이상으로 늘리고 기술 개발에 전사적 역량을 투입하기로 했다.

강인엽 삼성전자 시스템LSI 사업부장(사장)은 2019년 6월 "인공지능 생태계의 핵심인 신경망 처리 장치 생태계는 아직 기업 간 기술 수준을 비교할 만한 수준이 아닌(초기) 단계"라며 "관련 사업을 선점해 시스템 반도체 1위를 달성하겠다"고 밝혔다. 또 그는 "인공지능 시대에는 모든 서비스와 디바이스에 신경망 처리 장치가 탑재될 것"이라고 덧붙였다.

삼성전자는 시장 선점을 위해 신경망 처리 장치 분야 인력을 200여 명에서 2030년에는 2,000명 이상으로 확대할 예정이다. 특히 독자적 경쟁력 강화와 기술 개발, 인재 확보를 위해 시스템 반도체 부문의 전사적 역량을 집중한다는 방침이다.

신경망 처리 장치는 '인공 신경망(사람의 신경망을 모방한 머신러닝 기법)'을 통해 학습하는 반도체다. 딥러닝 알고리즘 실행에 최적화돼 인간의 뇌와 같은 역할을 할 수 있다. 딥러닝 알고리즘은 복잡한 신경망에 특화돼 수천 개 이상의 연산을 동시에 처리해야 하는 병렬 컴퓨팅 기술이 요구되는데, 신경망 처리 장치는 여러 연산을 실시간으로 처리하는 한편 데이터를 기반으로 스스로 학습하는 게 가능해 인공지능 구현을 위한 핵심 기술로 평가된다.

신경망 처리 장치는 지금까지 주로 모바일 디바이스에 탑재됐지만, 앞으로 자율주행, 데이터 센터 등으로 확대돼 관련 시장이 급성장할 것으로 보인다. 시장조사업체 가트너에 따르면 GPU나 신경망 처리 장치 등이 적용된 '인공지능 관련 시스템온칩(SoC, 프로세서 외에 보안칩·모뎀 등이 함께 탑재)' 시장 규모는 2019년 84억 달러에서 2021년 181억 달러, 2023년 343억 달러로 성장할 것으로 보인다.

삼성전자는 2012년부터 시스템LSI사업부와 종합기술원을 중심으로 신경망 처리 장치 개발을 해왔다. 2018년 말 그 첫 결과물로 모바일 시스템온칩 안에 독자 신경망 처리 장치를 탑재한 '엑시노스 9820'을 선보였다. 이는 삼성전자 갤럭시 S10에 적용돼 연산 속도를 7배 높였다. 2019년 2세대 신경망 처리 장치와 전장용 신경망 처리 장치 개발을 완료했고, 3세대 개발에도 나섰다. 삼성전자는 모바일용 플래그십 시스템온칩 제품을 중심으로 순차적으로 신경망 처리 장치를 탑재하고 인포테인먼트 시스템이나 첨단 운전자 보조 시스템

(ADAS) 등 차량용 반도체 제품과 데이터 센터용 제품 등으로 사업 범위를 넓힐 예정이다.

삼성전자는 글로벌 팹리스업체와 손을 잡아 '설계' 경쟁력을 높이는 데도 나섰다. 삼성전자는 2019년 6월 그래픽 처리 장치 경쟁력을 보유한 미국 AMD와 초저전력 · 고성능 그래픽 설계 자산(IP, 반도체 특정 기능을 구현하기 위한 모듈 등의 특허)에 관한 전략적 파트너십을 맺었다. 이 파트너십 체결로 AMD는 자사 그래픽 설계자산인 'RDNA(AMD의 최신 그래픽 기술) 아키텍처(회로)'를 기반으로 모바일 기기와 각종 응용 제품에 활용할 수 있는 맞춤형 그래픽 설계자산을 제공하고, 삼성전자는 라이선스 비용과 로열티를 지불할 예정이다.

삼성전자와 AMD의 제휴는 스마트폰의 두뇌 역할을 하는 모바일 애플리케이션 프로세서 강화에 초점이 맞춰진 것으로 보인다. CPU는 컴퓨터, 노트북 등의 두뇌 역할을 하는 칩이다. 그래픽 처리 장치는 중앙 처리 장치에 비해 단순 연산을 동시에 여러 건 진행할 수 있는 프로세서다. AMD는 글로벌 중앙 처리 장치 시장에서는 미국 인텔에 이어 2위, 그래픽 처리 장치 분야에서는 미국 엔비디아에 이어 2위를 달리고 있다. 스마트폰과 태플릿PC 등에 활용되는 모바일 애플리케이션 프로세서는 중앙 처리 장치, 그래픽 처리 장치, 보안칩, 통신모뎀 등 다양한 기능이 함께 탑재된 시스템온칩 형태다. 모바일 AP를 개발 · 생산하기 위해서는 그래픽 처리 장치 기능을 탑재해야 한다.

차량용 반도체도 삼성전자의 노림수 중 하나다. 삼성전자는 2019년 5월 커넥티트카, 고급 인포테인먼트 등에 활용할 수 있는 반도체를 아우디 세단 'A4' 신모델에 장착하면서 고성능 차량용 반도체를 본격적으로 출하했다. 삼성전자는 2018년 발표한 차량용 반도체 브랜드 '엑시노스 오토(Exynos Auto)'를 적용해 다양한 반도체를 개발하고 있으며, 이를 장착하기 위해 글로벌 자동차 메이커들과 접촉하고 있다.

차세대 디스플레이 대변혁

삼성디스플레이는 2019년 10월10일 QD(퀀텀닷) 디스플레이에 2025년까지 13조 1,000억 원을 투입하는 대규모 투자 계획을 발표했다. QD 디스플레이는 OLED(유기발광다이오드) 광원이 빛을 내고, 이 빛을 받은 QD 화소가 색을 재현하는 방식의 최첨단 기술로 색 재현력과 명암비가 뛰어나 LCD(액정표시장치)를 대체할 수 있는 최첨단 디스플레이 기술로 평가된다.

이날 삼성디스플레이 충남 아산사업장에서 열린 '신규 투자 및 상생 협력 협약식'에는 문재인 대통령과 이재용 삼성전자 부회장을 비롯한 정·관계 인사들이 대거 참석했다. 이는 투자 규모도 규모이지만 한국 디스플레이 산업에서 QD 디스플레이 투자가 의미하는 바가

충남 아산시에 위치한 삼성디스플레이 아산 사업장(아산 1·2캠퍼스)의 모습   〈자료: 삼성디스플레이〉

컸다는 뜻이다.

문재인 대통령은 이 자리에서 "디스플레이 산업은 한국 제조업 혁신의 근간"이라며 "세계 디스플레이 시장의 판도를 바꾸며 1위를 지켜내는 것이 중요하다"고 말했다. 또한 이재용 부회장은 "외부 추격이 빨라질수록, 도전이 거세질수록 끊임없이 혁신하고 더 철저히 준비하겠다"고 의지를 밝히기도 했다.

(단위: %)

	2016년	2017년	2018년 1~3분기
중국	29.8	27.2	31.9
한국	33.7	32.4	30.6

〈자료: IHS마킷〉

　현재 디스플레이 시장의 주류인 LCD의 뒤를 이어 차세대 디스플레이로 상용화된 OLED 디스플레이 시장에서 한국 기업의 입지는 독보적이다. 스마트폰과 같은 제품에 들어가는 중소형 OLED 시장은 삼성디스플레이가, TV용 대형 OLED 시장은 LG디스플레이가 거의 독점하다시피 하고 있다. 그럼에도 불구하고 '세계 1위 사수', '거센 추격과 도전'이 언급된 이유는 무엇일까.

　글로벌 디스플레이 시장은 삼성, LG로 대표되는 한국과 그 뒤를 바짝 쫓고 있는 중국 업체 그리고 예전의 명성을 이어가지는 못하지만 기술력을 보유한 일본 업체의 경쟁 구도로 재편됐다. 디스플레이 산업의 변방이었던 한국은 특유의 빠른 의사 결정과 과감한 투자로 단숨에 세계 디스플레이 시장을 주도하는 국가로 떠올랐다.

　한국은 1990년 중반부터 대기업을 중심으로 초대형 투자를 통해 LCD 생산라인을 구축하기 시작했다. 당시 LCD 시장은 샤프, 히타치,

도시바 등 일본 기업들이 주도하고 있었다. 그러나 정부의 적극적인 연구개발 지원과 대기업 투자가 빛을 보며 2000년대 초반 이후부터 한국 기업이 LCD 시장 1위에 오르기 시작했다.

그렇게 15년 이상 글로벌 디스플레이 시장을 호령하던 한국 디스플레이 산업에 암운이 드리우기 시작한 것은 2015년 이후다. BOE, CSOT 등 중국 업체들이 정부 지원과 대규모 투자로 LCD 시장에서 무섭게 성장하며 한국 업체를 위협하더니 2018년 1위 국가에 오른 것이다. 이는 2000년대 초반 한국이 일본을 추월했던 장면의 데자뷔와 같았다.

물론 중국이 LCD 시장에서 거세게 추격해올 때 한국이 가만히 있었던 것은 아니다. 삼성과 LG는 LCD 다음을 책임질 차세대 디스플레이인 OLED에 한 박자 빠른 투자를 단행하고, 현재 글로벌 OLED 시장을 선도하고 있다. OLED는 화소가 스스로 빛을 내기 때문에 백라이트가 필요 없다. 이 때문에 백라이트가 필요한 LCD에 비해 제품을 훨씬 얇게 만들 수 있으며 폴더블폰과 같은 완전히 새로운 폼팩터(제품 형태)를 구현하는 데도 적합하다.

LG디스플레이는 2012년 세계 최초로 대형 OLED 디스플레이 양산에 성공한 이후 2013년 세계 최초로 55인치 OLED 패널을 양산하며 본격적인 OLED TV 시대를 개막했다. 현재도 전 세계에서 대형 OLED 패널 양산 체제를 제대로 갖춘 곳은 LG디스플레이가 유일할 정도로 앞서 있다.

삼성디스플레이는 이보다 앞선 2007년부터 중소형 OLED 패널 양산에 성공한 이후 이 시장을 빠르게 선점했다. 당시 전체 시장의 1%에 불과했던 휴대폰 OLED 디스플레이는 얇은 제품 형태와 전력 소모 측면에서의 장점을 무기로 고사양 스마트폰의 대세로 자리 잡았다. 2019년 중소형 OLED 시장에서 삼성디스플레이의 점유율은 90%에 달했다.

디스플레이 산업은 기술이 진보할 때마다 대규모 투자가 뒤따른다. 수조 원에서 많게는 수십조 원까지 차세대 기술로 전환하기 위한 비용은 웬만한 기업이 아니면 감당하기 어렵다.

지금까지 잘해왔던 한국 디스플레이 산업이 위기로 인식되는 것은 중국이 막대한 자본력과 정부 지원을 바탕으로 한국 디스플레이 산업을 빠르게 뒤쫓고 있기 때문이다. 이미 따라잡힌 것으로 평가되는 LCD와 비교해 OLED 산업에서 중국이 따라잡는 속도는 훨씬 빠르다.

특히 삼성디스플레이가 거의 독점하고 있는 휴대폰 OLED 디스플레이 시장에서는 점진적인 변화가 감지될 것으로 전문가들은 보고 있다. BOE가 중국 대형 스마트폰 제조 기업인 샤오미, 오포 등에 OLED를 본격적으로 공급하면서 규모를 갖춰나갈 것으로 전망된다. BOE는 이미 미국 애플에도 OLED 공급을 노리고 있다. 업계에서는 중소형 OLED 분야에서 중국이 향후 2025년 안에 한국 업체들을 위협할 정도로 성장할 것이라는 전망이 나오고 있는 실정이다.

중국은 LCD 시장에서 원가 경쟁력이 큰 10.5세대 공정을 대규모로 도입하며 한국 기업을 압박해 이 시장에서 사실상 한국을 눌렀다. 높은 세대일수록 하나의 원장에서 더 많은 패널을 찍어낼 수 있는데, 중국의 저가 물량 공세에 LCD 사업 비중이 특히 높은 LG디스플레이는 2019년 회사 설립 이래 최대 규모인 1조 3,594억 원의 영업 손실을 기록했다. LG디스플레이는 2020년까지 TV용 LCD 제품의 국내 생산을 중단하고, 자동차, IT, 상업용 등 고부가 제품에 집중하기로 했다.

이런 가운데 한국 디스플레이업계는 중국의 추격을 뿌리치고 선도적 지위를 잃지 않기 위해 끊임없는 혁신을 이어가고 있다. 이미 QD 디스플레이 양산을 위해 장비 발주와 공정 개발에 들어간 삼성디스플레이는 충남 아산사업장의 LCD 생산라인을 QD 디스플레이 생산라인으로 단계적 전환하고, 2021년부터 65인치 QD 디스플레이 패널을 월 3만 장 규모로 생산할 수 있는 양산 시설을 구축할 계획이다.

삼성전자는 퀀텀닷 필름 기술로 고화질을 구현한 QLED(퀀텀닷 발광다이오드) TV로 글로벌 프리미엄 TV 시장에서 두각을 나타내고 있다. 2019년 한해에만 540만 대가 넘는 QLED TV를 판매해 고급 TV 시장에서의 확고한 입지를 확인했다.

삼성전자가 CES 2020에서 전시한 마이크로LED '더 월'　　　　　　　　　　〈자료: 삼성전자〉

　　삼성전자는 QD와 함께 차세대 디스플레이로 꼽히는 마이크로
LED 기술에서도 상당히 앞서 있다. 마이크로LED는 마이크로미터 단
위의 초미세 발광다이오드(LED)를 촘촘히 배열하는 방식으로 만드는
디스플레이다. LED 입자들을 이어 붙이는 방식으로 만들기 때문에
크기와 형태에 제한이 없다. 또한 OLED처럼 별도의 광원이 필요하
지 않고, 모듈 방식으로 분리·결합할 수 있어 상업용은 물론 가정용
TV 등에서도 활용할 수 있을 것으로 기대된다.
　　삼성전자는 2020년 1월에 미국 라스베이거스에서 열린 CES 2020

에서 마이크로LED를 활용한 초대형 스크린 '더 월'을 가정용으로 확대한 라인업을 하반기에 출시하겠다는 계획을 밝혔다. 삼성전자는 75인치부터 110인치까지 가정용으로 적합한 크기의 마이크로LED TV를 내놓는다는 계획이다.

LG디스플레이는 2020년 1분기부터 광저우 OLED 디스플레이 생산 공장 가동을 본격화해 대형 OLED 패널 공급량을 전년 대비 두 배로 늘려 시장 지배력을 더욱 강화한다는 방침이다. LG디스플레이가 2020년에 목표로 하는 대형 OLED 출하량은 600만 대로, 이는 2019년 3분기 누적 기준 판매량인 188만 대의 세 배 수준이다.

LG디스플레이와 LG전자는 세계 최초로 '롤러블 TV'를 공개하고 2020년 중 내놓을 계획이다. 롤러블 TV는 백라이트가 필요 없는 구조로 본체 안에 말려 들어가는 폼팩터를 구현한 것으로 전시회에 시제품이 공개됐을 때부터 업계는 물론 소비자들의 큰 관심을 끌어왔다. 롤러블 TV는 한국과 중국의 디스플레이 기술에 아직 격차가 있다는 것을 보여주는 상징적인 제품이기도 하다.

한국과 중국 디스플레이업계는 폴더블 디스플레이 시장에서도 한판 승부를 벌이고 있다. 삼성은 2019년 폴더블 디스플레이 분야에서도 세계 최초 폴더블폰인 '갤럭시 폴드'를 출시해 차세대 스마트폰 시장의 혁신을 주도하고 있다. 좌우로 접는 형태의 폴더블폰인 갤럭시 폴드는 높은 완성도로 디스플레이의 한계를 한 단계 위로 끌어올렸다는 평가를 받는다. 중국 스마트폰 기업들도 삼성을 따라 폴더블 폰 제품을 속속 내놓고 있는데, 한국은 후속 제품을 통해 기술 우위를 증명해야 한다.

이 같은 경쟁과 정보통신기술, 4차 산업혁명으로 이종 산업 융복합 속 디스플레이는 적용처가 다변화되고, 시장도 다양해지고 있다. TV와 휴대폰을 넘어 웨어러블 기기, 자동차, 항공기까지 첨단 디스플레이가 적용되는 분야가 늘어나는 것이다. 삼성디스플레이와 LG디스플레이는 새로운 시장을 선점하기 위해 글로벌 기업들과 협력 관계 구축에 나서고 있다.

TV 시장에서는 끝나지 않는 화질 전쟁이 진행 중이다. 글로벌 TV 시장 양대 강자인 삼성과 LG가 8K TV를 들고 나오자 중국·일본 업체들도 앞다퉈 8K TV를 출시하며 대응에 나섰다. 8K는 TV 화면의 가로 화소 수가 7,680개인 제품을 뜻한다. 세로 화소 수(4,320개)를 곱하면 전체 화소 수는 3,317만 개로 그만큼 뚜렷하고 선명한 화질을 제공한다.

아직 콘텐츠는 부족하지만 콘텐츠 확보를 위한 협의체 구성이나 소프트웨어로 낮은 화질의 콘텐츠를 8K로 향상시키는 '업스케일링' 기술을 통해 수요를 발굴하고 있다. 5세대 이동통신이 본격화되고 콘텐츠 제작도 점차 확대되면 수요도 점점 늘어날 것으로 보인다.

삼성디스플레이는 2017년 아우디 세단 A8의 뒷좌석 컨트롤러에

5.7인치 OLED 디스플레이를 탑재한 것을 계기로 2018년 9월에는 아우디의 스포츠유틸리티차량(SUV) 전기차인 'e-트론'에 사이드미러를 대체하는 7인치 크기 OLED를 공급하는 계약을 체결했다. 이는 기존 사이드미러 대신 '사이드 뷰 카메라'를 외부에 장착하고, 운전자는 카메라 영상을 차량 내부에 설치된 OLED로 실시간 확인하는 시스템이다. 삼성은 OLED 패널을 탑재한 노트북도 생산하고 있다.

LG디스플레이 역시 글로벌 완성차업체와 협력해 차세대 차량에

삼성디스플레이가 아우디에 탑재한 '버추얼 익스테리어 미러' 시스템　　　　　〈자료: 삼성디스플레이〉

탑재되는 OLED 제품을 2020년 양산·공급하기 시작했다. LG디스플레이는 2020년 상반기 중 출시될 것으로 예상되는 신규 차량을 발판으로 차량용 디스플레이 시장을 적극 공략할 방침이다.

LG디스플레이는 최근 미국 보잉과도 협력해 차세대 항공기에 OLED 패널을 공급하고 있다. 보잉은 디스플레이를 활용해 기내를 '스마트 객실'로 구축하는 작업을 추진 중이다. 스마트 객실은 승객용 단말기 화면은 물론, 좌석, 객실 천장, 벽면, 창문 등에 OLED를 적용해 승객 편의성을 높이고 인테리어도 한 단계 업그레이드된 미래형 객실을 뜻한다. OLED는 투명, 롤러블, 폴더블 등 다양한 형태로 적용 가능하기 때문에 창문을 투명 디스플레이로 구축하거나 좌석에 말려 있는 디스플레이를 펼쳐 보는 등 혁신적 기내 인테리어 구성이 가능하다.

부활 노리는 사무라이 재팬

1980년대 전자 자동차 등 제조업을 앞세운 일본 경제는 미국을 따라잡을 기세였다. 1980년대 말 GDP는 3조 달러(세계은행 명목 GDP 기준)를 넘어섰다. 1인당 GDP는 미국을 추월했다. 1989년 12월 29일 닛케이225 주가지수는 장중 3만 8,957까지 치솟았다. 2012년 아베 신조 정부가 들어선 이후 일본은행(BOJ)의 기록적인 돈 풀기에도 닛케이지수가 2만 4,000 수준을 넘는 데 그친 것을 감안하면, 1980년대 일본 경제의 초호황을 짐작하고도 남는다.

1990년대 일본 경제는 저성장 국면에 빠져들면서 잃어버린 10년을 겪었고, 다시 잃어버린 20년으로 이어졌다. 1985년 그 유명한 플라자 합의 이후 일본 엔화는 급격한 강세로 돌아섰고, 일본 제품의 수출 경쟁력은 심각한 타격을 입었다. 세계 최고 수준의 초고령화와 인구 감소, 소비 위축과 주력 전자 산업의 퇴조 등 복합적인 요인이 한꺼번에 겹쳤다.

일본 국민들은 2009년 만년 야당이었던 민주당에 표를 몰아줬다. 하지만 첫 정권을 잡은 민주당은 포퓰리즘과 아마추어리즘에서 벗어나지 못한 채 3년 만에 몰락했다. 그러는 사이 중국이 부상했다. 2010년 중국은 GDP 총액에서 일본을 넘어섰다. 중국은 일본을 대신해 미국과 함께 G2로 자리매김했다. 중국의 부상은 일본의 경제뿐 아니라 안보에 불안감을 키웠다.

아베 신조 일본 정권은 2012년 외부에서는 중국의 위협이 점점 고조되고, 내부에서는 패배감에 젖어 있는 일본 열도에 '아베노믹스'라는 경제 정책을 들고 나와 표심을 샀다. 이후 아베 총리는 역대 최장수 총리직을 수행하며 일본의 부활을 이끌고 있다. 정부 재정을 총동원해 돈을 쏟아 붓고, 중앙은행의 과감한 양적 완화를 등에 업은 아베노믹스는 경제 지표를 개선시키는 것을 넘어서, 잃어버린 20년 동안 소극적이고, 패배 의식에 젖어들었던 일본의 DNA를 바꿔가고 있다는 평가가 나온다.

이런 가운데 인공지능, 사물인터넷, 모빌리티 등 4차 산업혁명과 피크 쇼크로 인한 산업 구조의 대변혁은 수십 년간 움츠러들었던 일본 경제가 부활하는 계기를 마련해주고 있다. "인구가 줄어드는 일본에서는 일자리가 사라질 걱정 없이 인공지능과 같은 4차 산업혁명에 투자를 할 수 있다"는 역발상 주장까지 공공연하게 나온다.

무엇보다 주목할 만한 것은 4차 산업혁명을 대처하는 일본 기업들의 자세, 혹은 기업 문화가 이전과는 상당히 달라졌다는 점이다. 필요하면 적과의 동침을 불사하는, 과거에는 찾아보기 힘든 현상이 두드러진다.

과거 일본 전자 산업이 세계 시장을 호령할 당시 자국 기업 간 경쟁은 상상을 초월했다. 일본의 중고 전자상가에 가면 소니, 히타치, 파나소닉, 샤프, 도시바 등 쟁쟁한 전자 회사들이 만든 세탁기, 냉장고, TV가 즐비했다. 하지만 자국 기업 간 경쟁은 부작용이 만만치 않았다. 이들 일본 기업은 전기 코드 하나도 호환이 불가능한 각양각색의 모델로 경쟁했다. TV 같은 주요 가전에서 일본 기업 간에 협력은 커녕 표준 경쟁에 몰두하다, 정작 외부의 경쟁자를 보지 못하고 공멸의 길을 자초했다는 비판이 만만치 않았다.

지금은 삼성전자, SK하이닉스를 비롯한 한국 기업과 TSMC를 필두로 한 대만 기업이 장악하고 있는 반도체 분야도 마찬가지였다. NEC, 도시바, 히타치, 후지쓰 같은 일본 기업들은 1990년대까지 세계 반도체 시장을 호령하는 톱 브랜드였지만 의사 결정 지연 등으로 인해 경쟁력을 잃었다.

일본 기업은 생존을 위한 구조조정과 이합집산을 거친 이후에도 순혈주의 부작용이 적지 않았다. NEC와 히타치는 1999년 D램 부문을 합쳐 엘피다라는 새로운 물리적 회사를 설립했지만, 두 회사 출신들의 화학적 결합에는 실패했다는 평가가 나왔다.

소니의 '사일로'는 일본 조직의 폐쇄성을 상징하는 단어다. 사일로는 곡식 사료를 저장하는 굴뚝 모양의 창고를 의미하는데, 기업 내 여러 조직이 협업하지 못하고 알력이 심해지는 조직 이기주의를 의미한다. 기업이 잘나갈 때는 내부 조직이 상호 경쟁하며 더 좋은 제품을 만들어 내는 데 사일로가 긍정적인 효과를 가져오기도 했다.

사일로는 외부의 적이 많아지고 경영 환경이 수시로 변화하는 환경에서는 오히려 협업과 변화를 가로막아 쇠락을 자초하는 독이 됐다. 재건을 위해 영입된 외국인 최고경영자조차 "사일로가 많아 소통이 어렵다"고 토로했을 정도다.

이처럼 오랜 침체를 거친 경험과 4차 산업혁명 격변기와 맞물리면서 일본 기업들도 특유의 폐쇄성을 버리고, 개방적 협력이 빈번해지고 있다.

대표적인 사례가 일본 최대 기업으로 상징적인 위치에 있는 도요타가 경쟁사인 스즈키의 손을 잡은 것이다. 도요타의 자회사 다이하쓰는 스즈키와 경차 분야에서 한 치 양보 없는 경쟁을 벌여온 사이다. 하지만 2016년 도요타와 스즈키는 협력 방안을 내놓더니, 급기야 자본 제휴까지 진행했다. 스즈키는 인도 시장에서 상당한 영향력을 갖고 있는데, 두 회사의 제휴로 도요타 역시 글로벌 경영에 힘을 얻게 됐다.

경차 시장에서 경쟁 관계인 도요타와 스즈키가 손을 잡게 된 것은 자동차 시장에서 환경과 안전, IT 대응을 위해서다. 기존 내연기관 자동차 기술 개발에만 몰두하며 경쟁하는 것은 자동차업계 모두에 위험한 선택이라는 공통의 문제의식이 깔려 있다.

이와 동시에 도요타는 소프트뱅크와 손잡고 미래 모빌리티 주도권 확보에 적극 나섰다. 2018년 도요타와 소프트뱅크는 주문형 차량 서비스 회사를 설립해 모빌리티 자율주행 등 미래차 사업 협력을 강화해 나가고 있다.

두 회사의 협력은 도요타 창업자의 손자로 10년 넘게 도요타 혁신을 주도해온 도요타 아키오 사장과 손정의(손 마사요시) 소프트뱅크 사장이 힘을 모았다는 점에서 일본 재계의 큰 관심을 모았다.

도요타 아키오 사장은 글로벌 금융위기 직후 도요타가 리콜 등 품질 문제로 리더십이 흔들리고 있던 2009년 사장에 오른 이후 도요타를 글로벌 최고 차 기업으로 재건시킨 인물이다. 전통 제조업의 최고경영자 가운데 가장 개방적이고, 협업에 능하다는 평가를 받는다.

손정의 회장은 일본을 넘어 닷컴 시절부터 글로벌 IT 산업의 혁신을 주도해온 상징적인 인물이다. 인터넷 초기 야후는 물론 중국의 전자상거래업체 알리바바에 투자하는 등 신사업에 관한 선견지명으로 일거수일투족이 전 세계 미디어의 스포트라이트를 받아왔다. 손정의 회장은 2016년 "싱귤래리티(Singularity, 특이점)가 오고 있다"며 은퇴 의사를 거두고, 인공지능을 필두로 한 4차 산업혁명 관련 스타트업에 대대적인 투자를 단행 중이다.

손정의 회장은 닷컴 초창기 시절부터 '브로드밴드(초고속 인터넷)'에 대한 투자를 강조했던 것처럼 이제는 '첫째도, 둘째도, 셋째도 인공지능'이라며 변화를 주도한다. 손정의 회장은 중국 알리바바에 투자했듯, 인공지능의 기반 기술을 보유한 반도체 설계 회사 ARM을 인수하더니, 100조 원 규모의 비전 펀드를 조성해 우버, 그랩, 디디추싱 같은 각국의 공유 모빌리티 플랫폼, 공유 오피스업체 위워크 등에 전방위 투자를 하고 있다.

도요타 아키오 사장과 손정의 회장이 손잡은 것은 닷컴 시대에는 섞이지 않았던 전통 제조업과 혁신 IT 기업이 생존을 위해 본격적인 협업을 해야만 하는 시대에 접어들었다는 뜻이다. 이런 가운데 4차 산업혁명이 일본 기업이 전통적으로 강한 부품 소재, 특히 전자 부품 분야에서 엄청난 수요를 일으키고 있다는 점도 일본 부활에 유리한 환경을 조성해주고 있다.

일본 기업은 가전·반도체 분야에서는 중국과 한국의 전자 기업에 밀려 주도권을 되찾기 힘든 지경까지 내몰렸다. 그럼에도 여전히 부품 소재와 기계 분야에서는 경쟁자를 찾아보기 힘들 정도로 강한 기업들이 즐비하다.

대표적인 곳이 워크맨 이후 절치부심 되살아나고 있는 소니, 세계 최고의 로봇 정밀 기계 제조업체인 화낙, 센서 제어계측 기기업체 키엔스 등이다. 최근 몇 년간 급성장하는 이들 기업은 세계 각국의 대기업을 고객사로 두고 있다. 소니를 제외하면 일반인들에게는 생소한 기업들이지만, 무시하지 못할 경쟁력을 보유한 일본 제조업의 내면을 보여주는 곳이다.

오랜 침체를 딛고 본격적인 재도약을 시작한 소니는 2018년에 역대 최대인 8,942억 엔의 영업 이익을 냈다. 한화로 10조 원에 가까운 돈인데, TV나 스마트폰 같은 전통적인 전자 산업에서 번 돈은 거의 없다. 게임과 네트워크 서비스, 뮤직을 비롯한 콘텐츠 사업이 이익의 절반 이상을 차지하고, 스마트폰이나 자율주행 차량의 눈에 해당하는 이미지 센서가 1,439억 엔에 달하는 돈을 벌었다. 기업의 체질 자체가 변한 것이다. 이미지 센서는 자율주행의 핵심 부품이라 글로벌 모빌리티 사업이 본격화되면 확장세는 더욱 빨라질 것으로 기대되는 분야다.

일반인들에게 거의 알려지지 않은 화낙과 키엔스는 제조업이라 믿기 어려운 수준의 영업 이익률을 내는 기업들이다. 화낙은 자동차나 스마트폰 등 전자 공장에서 많이 사용하는 로봇, 컴퓨터 수치 제어 공작 기계 등의 분야에서 독보적인 경쟁력을 갖고 있다.

화낙은 로봇 분야에서 유럽의 ABB, 중국으로 넘어간 독일의 쿠카와 함께 세계 시장을 장악하고 있다. 화낙의 주력 공장은 모두 일본 내에 위치하고 있는데, 인건비 등 원가 부담에도 불구하고 영업 이익률이 20~40% 수준을 안정적으로 유지한다. 주력 공장이 후지산 숲 속에 자리 잡고 있어 은둔의 기업으로 불리기도 한다. 화낙의 공장 내부에서는 로봇 팔이 스스로 로봇 팔을 복제하는 광경이 인상적인데, 로봇이 일을 하면 할수록 스스로 제조 시간을 단축하는 학습 능력까지 가졌다. 공장 자동화 센서를 주력으로 하는 키엔스 역시 화낙처럼 매출의 절반 이상을 영업 이익으로 남기는 꿈의 기업이다.

다른 일본 기업도 로봇 시장에서 속도를 내고 있다. 소프트뱅크는 '페퍼'라고 불리는 인간형 로봇을 개발해 시판을 하고 있다. 도요타와 소니도 인공지능을 접목한 로봇을 개발하겠다고 선언한 상태다.

일본 정부가 밝혀왔듯이, 인공지능, 사물인터넷 등을 접목한 4차 산업혁명은 저출산, 고령화로 인한 일손 부족과 눈덩이처럼 불어나는 의료비, 간병비 등 사회 보장 비용을 줄일 수 있는 해법 중 하나로 받아들여진다. 이제 초기 시장인 로봇의 경우에도 간병인을 대신해 고령자를 도와주고, 응대를 해주는 로봇들이 먼저 상용화되고 있다.

이러한 간병 의료 서비스는 세계 최대 고령화 시장으로 부상할 것이 뻔한 중국 서비스 시장 진출에도 눈독을 들이고 있다. 과거 일본의 세계 시장 개척 선두 주자였던 종합 무역 상사들이 중국과 동남아시아 각국의 의료 간병 관련 사업에 뛰어드는 것도 이런 추세의 일환이다.

관료주의 병폐가 심했던 일본 관료 사회도 변화하는 모습을 보이고 있다. 특히 2012년 시작한 아베 신조 정권이 몇 차례 위기를 겪으면서도 좀처럼 흔들리지 않으면서 정책이 조변석개 하거나 행동이 굼뜨던 관료 사회도 일사불란해졌다는 평가가 하나둘씩 나온다.

물론 매년 중소 도시 한 개 인구에 해당하는 30만 명이 줄어드는 '인구 절벽' 속에서 일본이 과거와 같은 영광을 되찾는 것은 어려울 것이라는 비관론도 공존한다. 하지만 주력 산업에서 한국과 직접적인 경쟁 관계에 있는 일본의 부활 움직임은 시사점과 경계감을 동시에 던져주고 있다.

선전의 꿈, 중국 화웨이

중국의 실리콘밸리라고 불릴 정도로 스타트업 창업이 활발한 광둥성 선전(深川)에서는 각종 플랫폼 기업들이 미국과의 무역 분쟁 속에서도 절치부심하면서 성장을 도모하고 있다. 한때 세계의 공장이었던 중국이 4차 산업혁명 물결과 맞물려 글로벌 IT 강국으로 재도약하려는 원동력이 이곳 선전에서 나온다.

선전 기업의 면면은 화려하다. 세계 최대 통신장비업체인 화웨이를 비롯해 게임업계까지 장악한 소프트웨어 기업 텐센트, 중국 전기차 1위 비야디(BYD), 세계 드론 시장을 주름잡는 DJI 등이 모두 선전에 본사를 두고 있다.

또한 선전에서 정보통신기술 1번지이자 전자 상가 결집 지역인 화창베이는 아이디어를 실현시켜주는 창업의 요람이다. 중국과 해외의 선진 기술이나 아이디어에 대한 부품 생산에서 시제품 생산 및 완제품 조립, 연구개발 등 일련의 과정이 원스톱으로 이뤄지는 산업 공급 체인이 화창베이에 구축되어 있다.

여기에다가 대규모 자본을 통해 스타트업을 키워줄 벤처캐피탈이 든든한 지원군이 되고 있으며 항만을 중심으로 물류 편리성까지 갖추고 있다. 지금도 수많은 스타트업들이 밤낮없이 기술개발에 몰두하고 있다. 덕분에 선전은 주하이, 산터우, 샤먼 등과 함께 4대 경제 특구로 지정될 1980년 8월 당시만 해도 인구 33만 명의 작은 어촌 도시였지만 40년 가까이 흐른 2020년에는 인구 1,300만 명의 첨단 IT 대도시로 탈바꿈했다.

중국 정부는 선전을 포함한 광둥성 9개 도시와 홍콩, 마카오를 연결하는 거대 혁신 경제권인 '웨강아오다완취' 발전 청사진을 추진하고 있다. IT, 바이오, 5세대 이동통신, 친환경차, 신재생 에너지, 금융을 망라한 산업 혁신 클러스터를 2035년까지 구축한다는 구상이다.

지리적으로도 선전 주변 지역은 가까워졌다. 홍콩, 주하이, 마카오를 잇는 세계 최장 해상 대교(길이 55킬로미터)인 강주아오대교 개통에 따라 하나의 베이(Bay, 만) 경제권으로 형성되면서 중국 플랫폼 기업들의 활동 반경도 넓어졌다. 이제는 중국에서 1등이면 세계에서 1등이라는 자부심까지 자리 잡고 있다.

더구나 중국 1등 기업들은 중국 정부의 경제 개발 전략과 보조를 맞추면서 성장 가도를 달려가고 있다. 중국 정부가 여러 미래 청사진을 제시하면서 든든한 지원군을 자처하고, 기업들은 각자의 산업 분야에서 시장 선점과 기술 개발, 산업 생태계를 조성하며 규모와 실력을 키워왔다. 중국 〈난팡일보〉는 "화웨이, 텐센트 등 중국 대표 기술 기업들이 선전에 본사를 두고 있고, 중앙 당국의 전폭적인 지원으로 연구개발 환경이 나날이 개선돼 중국 안팎의 우수 인재들이 대거 몰려드는 선순환 고리가 만들어지고 있다"는 분석을 내놓기도 했다.

2018년 기준 〈포춘〉 선정 글로벌 500대 기업 명단에 웨강아오다완취 소재 중국 기업은 20곳에 달했고, 그중 선전 소재 기업은 무려 7곳이었다. 〈매일경제〉는 2019년 5월 중국 선전과 홍콩에서 27번째 글로벌 포럼인 '한중 웨강아오다완취 포럼'을 개최해 이 지역의 잠재력을 확인했으며 한중 경제 협력 방안을 모색한 바 있다. 이처럼 성장 한계에 직면한 제조업의 피크 쇼크 충격에서 벗어나 미래 먹거리를 발굴하는 중국의 신흥 플랫폼 기업이 도약하는 곳이 바로 선전이다.

그러나 중국을 둘러싼 두통거리도 늘어나고 있다. 이른바 성장통이다. 단기적으로 미중 무역 분쟁, 홍콩의 반중 감정, 코로나19(우한 폐렴) 확산 등이 중국 경제 성장의 발목을 잡는 형국이다.

선전에 자리 잡은 중국 플랫폼 기업의 대표 주자이자 중국 경제 성장통의 상징은 바로 화웨이다. 화웨이는 미국 도널드 트럼프 행정

중국 선전의 화웨이 본사 전경

〈자료: 매일경제〉

부 출범 이후 미중 무역 분쟁 과정에서 치명타를 입었다. 미국 정부의 요청에 의해 2018년 말 런정페이 화웨이 창업자의 딸인 멍완저우 화웨이 부회장 겸 최고재무책임자(CFO)가 캐나다 밴쿠버에서 체포된 것을 시작으로, 화웨이는 미국 5세대 이동통신 사업 참여 과정에서 차단됐고, 구글과 마이크로소프트 등 미국 기업과의 거래까지 금지

됐다. 화웨이 입장에서는 상당한 매출 손실이 불가피해진 것이다.

미국 정부는 화웨이가 방송 장비와 부품을 동원해 스파이 활동을 하고 있다는 의심도 하고 있다. 화웨이가 통신 장비에 스파이웨어를 탑재하는 방식으로 해당국의 기밀을 빼낸다는 뜻이다. 도널드 트럼프 미국 대통령은 화웨이 문제를 국가 안보와 연관 지으면서 거래 제한 조치를 지속할 뜻을 수차례 밝혀왔다. 여기에는 5세대 이동통신 분야 기술 전쟁에서 우위를 점유하려는 미국 정부의 속내도 담겼다는 진단이 나온다.

화웨이는 미국의 압박에도 불구하고 각개돌파에 나서고 있다. 런정페이 회장은 전 직원에 보낸 이메일에서 "살아남는 것이 승리하는 것"이라며 "지금은 미국과 싸워 이기려고 한다"고 항쟁 의지를 다졌다. 그러면서 그는 2차 세계대전에서 수백 발의 총탄을 맞아 구멍이 뚫렸지만 끝까지 비행한 IL-2 전투기 사진을 공유하기도 했다.

화웨이는 미국의 칼날을 피해 중국 내수 시장에서 최소한의 실적 베이스를 깔아놓고 틈새시장 공략에 나섰다. 효과는 서서히 나타나고 있다. 2020년에 들어서면서 영국에 이어 EU(유럽연합)가 5세대 이동통신 네트워크 과정에서 화웨이의 장비를 허용하겠다고 공식화했다. 특정 업체를 배제하지 않겠다는 뜻이다. 이는 미국 정책에 대해 반기를 든 것으로 비춰질 수 있다. 그러나 기존에 화웨이 장비를 사용해왔던 영국과 EU 입장에서는 화웨이를 배제했을 경우 추가적인 네트워크 구축 비용이 많이 든다는 실리적인 부분도 감안한 것으로 보인다.

글로벌 통신 장비 1위 기업인 화웨이는 5세대 이동통신 시대를 맞아 중국 전역은 물론이고 전 세계에 5세대 이동통신 설비를 공급하는 글로벌 기업으로 지속 성장하겠다는 목표를 갖고 있다. 화웨이는 호주에서 들여온 블랙 스완을 선전 본사의 인공 연못에 풀어놨다. '예기치 않은 사태에 늘 대비하라'는 의미를 담고 있는 블랙 스완을 통해 경각심을 일깨우기 위해서다.

화웨이는 본사 내부에 대규모 스마트 시티 전시관을 꾸며 놨다. 안면 인식 데이터 검색 시스템, 스마트 정부, 원격 의료 시스템, 스마트 인프라스트럭처(도로, 교통, 항만 등)의 모습을 소개하고 있다. 이들 기술의 핵심은 화웨이가 개발한 각종 솔루션이다. 화웨이 관계자는 "클라우드 컴퓨팅을 통해 정보를 공유하고 400만 명이 넘는 중국 선전시 룽강구 주민 정보를 빅데이터로 만들었다"며 "이를 통해 공무원 일 처리 소요 시간이 10분의 1로 줄었고 범죄율도 스마트 시티 전후로 30% 가까이 줄었다"고 설명했다.

화웨이는 선전에서 자동차로 약 1시간 30분 거리인 둥관에 신사옥인 'OX HORN' 캠퍼스도 열었다. 모두 100억 위안(약 1조 7,000억 원)이 투입되어 건설된 신사옥에는 화웨이 연구개발 인력 2만여 명이 일하고 있다. 유럽풍의 대학 교정을 떠올리게 하는 모습의 건물들이 줄지어 있어 '화웨이 대학'이라는 별칭이 붙을 정도다. 1.26제곱킬로미터 면적의 둥관 캠퍼스를 관통하는 열차를 타면 파리, 베로나, 체크키크룸로프 등으로 명명된 각 구역을 모두 살펴볼 수 있다.

특이한 것은 이 열차 외의 차량은 건물 지하에 있는 별도 차도로 다니게 한 것인데, 이로 인해 캠퍼스 내에서 일반 차량을 찾아보기 힘들다. 이 또한 도심의 번잡함은 잊고 공원, 교정 같은 분위기 속에서 자유로운 사고를 하라는 런정페이 화웨이 회장의 의지가 담겨 있다.

중국 소프트웨어 분야 1번지인 난산 소프트웨어 단지에 위치한 텐센트 본사에서는 인근 지역을 오가는 행인을 보는 것만으로 중국의 소프트웨어 파워를 체감할 수 있다. 수백 명의 20~30대 젊은 개발자들이 한 손에 커피를 다른 한 손에는 모바일 기기를 들고 출근하는 모습을 볼 수 있다. 그간 뉴욕, 도쿄 등 대도시에서나 볼 수 있었던 '역동적 도시'의 면모를 옮겨놓은 듯하다. 특히 텐센트와 중국 선전완 그룹이 함께 조성한 텐센트 창업 센터에서는 6개의 건물 내 모든 부스마다 들어찬 개발자들이 스스로의 아이템을 전시해놓고 회의하는 모습을 살펴볼 수 있다.

1998년 세계적으로 인터넷 열풍이 몰아치던 시기에 중국 선전에서 텐센트는 초창기 '카피캣'으로 유명했다. 미국 실리콘밸리에서 인기 있는 서비스를 그대로 들여와 중국에 맞게 출시하는 방식이었다. 여기서 이른바 대박을 터뜨린 것이 인터넷 포털인 큐큐(QQ)와 중국

중국 선전의 텐센트 본사 전경

인에게 웨이신이라는 이름으로 사랑받는 SNS 위챗이다. 2018년 기준 위챗 월 평균 사용자는 10억 9,760만 명, 큐큐 이용자는 8억 710만 명에 달할 정도로 어마어마하다.

텐센트 본사 기업 전시관 입구에는 지구본 모양 그림과 '1,112,000,000'이라는 숫자가 크게 띄워져 있었다. 전 세계 위챗 월 평균 이용자를 보여주는 숫자다. 텐센트는 위챗페이를 통해 중국을 현금 없는 사회로 이끌고 있다. 소매점부터 식당, 상점까지 스마트폰으로 QR 코드만 찍으면 결제가 된다. 길거리에서 도움을 요청하는 홈리스들조차 QR코드로 기부를 받을 정도다. 텐센트의 글로벌 협력 담당자는 위챗페이를 '실패를 용인하는 텐센트 문화에서 피어난 꽃'으로 표현했다. 텐센트 관계자는 "중국 결제 시장은 알리바바 알리페이가 54%, 위챗페이가 40%로 시장을 양분하는 구도"라며 "일 평균 결제 건수가 10억 건에 달한다"고 소개했다.

중국 선전에 위치한 글로벌 1위 드론업체인 DJI도 화웨이와 텐센트 못지않은 세계적 혁신 기업이다. 세계 민간용 드론 시장 70%를 유지하는 DJI의 저력은 풍부한 상상력과 끊임없는 도전, 그리고 실패 경험 속에 고스란히 녹아 있다. DJI 본사 전시장에 진열된 드론 제품 수십 기는 비약적으로 진화하는 첨단 기술력을 과시하고 있다.

DJI는 드론의 소형화와 경량화 단계를 넘어서 무인기 신기술을 융합시켜 새로운 기술 표준과 생태계를 만들어가고 있다. 예를 들어 드론이 지정한 인물이나 움직이는 사물을 인식해 비행 내내 따라붙으면서 안정적인 카메라 촬영이 가능하다. 택배 배송, 재난, 농업, 소방 등 각 영역별로 꼭 필요한 맞춤형 기술을 접목시켜 드론을 '원격 로봇'으로 진화시키는 작업에도 속도를 내고 있다. 이는 끊김 없는 심리스(Seamless) 통신기술을 비롯해 인지 및 제어 센서 기술, 고도 촬영 영상 기술, 빅데이터 등 4차 산업혁명 시대 신기술들을 종합적으로 융합시키고 있다는 것을 뜻한다.

DJI의 창립자 프랭크 왕은 "기술로 실력을 말하고, 기술로 세계와 승부한다"는 기술 선도론을 강조하고 있다. 그는 DJI 창업 이후 대외 활동을 자제한 채 연구실에서 드론 기술 개발에 몰두하는 것으로 유명하다. DJI 본사에서 〈매일경제〉와 인터뷰한 크리스티나 장 투자 부문 담당 이사는 "전 세계 산업계에서 후발 주자였던 DJI가 불과 10년 만에 '퍼스트 무버'가 될 수 있었던 비결은 첨단 기술을 개발하고 연구할 수 있는 인프라 환경 덕이 크다"고 말했다.

피크 시대,
변신하는 글로벌 기업 리더십

피크 시대의 도래로 글로벌 기업들의 리더십도 변화하고 있다. 명령보다는 소통과 공감을, 성장보다는 변화와 혁신을, 당장의 이익보다는 사회적 가치를 추구하는 새로운 리더십이 주류로 부상하고 있다.

과거 고도 성장기 기업 리더들은 기업이 나아가야 할 방향을 앞장서 가리켰고 직원들은 똘똘 뭉쳐 전진했다. 리더가 결정한 과감한 투자는 '기업의 성장'이라는 과실로 돌아왔다. 하지만 피크 시대를 맞아 상황이 급변했다. 성장이 정점에 다다르면서 기존 방식은 한계에 봉착했다. 4차 산업혁명이라는 파도가 몰아치면서 기술 변화와 소비자의 요구에 제대로 대응하지 못한 기업들의 운명이 엇갈리고 있다.

세계 최고 휴대폰 제조 기업 노키아는 스마트폰 시장에 대응하지 못해 몰락했고, 미국 스탠더드앤드푸어스(S&P) 500 소속 기업의 생존 연수는 1960년대 55년에서 2010년 이후 19년으로 급감했다.

전문가들은 4차 산업혁명과 피크 시대에서 기존 리더십은 더 이상 설자리가 없다고 강조한다. 대신 조직의 유연화를 비롯해 소통과 공감 능력이 요구된다고 지적한다. 이 같은 추세는 4차 산업혁명의 선도 기업으로 꼽히는 글로벌 기업들에게 대세가 된 지 오래다. 다양성과 개방성, 공감 능력, 틀에 얽매이지 않는 자유로움 등이 피크 시대 기업 리더십의 요체다. 대표적인 사례가 아마존이다.

아마존은 회사 차원에서 14개의 리더십 원칙을 가지고 있는 것으로 유명하다. '고객에 대한 집착(Customer Obsession)', '주인의식(Ownership)', '리더는 대부분 옳다(Leaders are Right, a Lot)', '크게 생각하라(Think Big)' 등이다.

아마존 창업자이자 최고경영자인 제프 베조스는 CNBC와의 인터뷰에서 14개 원칙 중 최고 원칙으로 '리더는 대부분 옳다'를 꼽은 바 있다. 그러면서 "훌륭한 리더들은 대부분 옳게 행동한다. 우리가 항상 옳을 수는 없겠지만, 계속 연습하다 보면 더 자주 옳을 수 있다"고 강조했다.

베조스는 옳게 행동하는 것을 어떻게 연습하느냐는 질문에 "우선 남의 말을 많이 듣고, 필요하다면 기꺼이 자신의 생각을 바꾸라"고

답했다. 자신의 믿음에 너무 얽매이지 않고 여러 가지 관점을 보고 더 큰 그림을 이해할 수 있는 능력을 기르는 것이 올바르게 생각하고 행동할 가능성을 높여준다는 설명이다. 소통과 경청, 공감의 리더십을 강조한 셈이다. 실제로 베조스는 '그림자(Shadow)'라 불리는 조언자를 곁에 두고 중요한 결정 전에 의견을 듣는 것으로 유명하다.

베조스가 강조한 소통과 경청, 공감의 리더십은 아마존만의 특징이 아니다. 애플과 마이크로소프트 등 4차 산업혁명 시대의 리더로 꼽히는 기업을 이끄는 리더들의 공통된 특징이다.

마이크로소프트 최고경영자인 사티아 나델라의 리더십 요체 역시 공감이다. 그는 채찍과 당근보다 공감을 앞세워 조직원들의 마음을 얻는 최고경영자로 유명하다. 직원들을 개별적으로 만나 회사와 함께 가자고 설득하고, 조직의 발전이 곧 개인의 발전이라는 믿음을 심어주기 위해 노력한다. 그는 공감 능력이야말로 리더의 가장 중요한 덕목이라고 강조한다. 구성원들의 자신감을 키워준다는 이유에서다.

나델라의 리더십은 개인적인 불행에서 비롯됐다. 뇌성마비를 안고 태어나 목조차 제대로 가누지 못하는 장남을 키우며 공감 능력을 키운 것이다. 나델라는 "아이들에게 공감하는 아버지가 되고 싶다는 열망, 그리고 상대방의 깊은 마음을 이해하고 싶다는 열망을 품은 덕분에 나는 더 나은 리더가 될 수 있었다"고 말한다.

조직 폐쇄주의 벽을 허문 것도 나델라의 주요 업적으로 꼽힌다.

직원들이 애플이나 삼성 휴대폰을 쓰다 들키면 그 자리에서 휴대폰을 박살내버릴 정도로 경쟁사들을 끔찍이 싫어했던 전임자 스티브 발머와 달리, 나델라는 최고경영자 취임 2달 만에 애플 iOS 위에 오피스 프로그램이 구동 가능하게 만들겠다고 선언한다. 그리고 마이크로소프트 오피스가 안드로이드 플랫폼에서 동작하도록 구글과 손잡았고, 페이스북이 개발하는 앱들이 윈도우 운영 체계 안에서 제대로 구동하도록 페이스북과도 협력했다. 델, 삼성전자 등 오랜 경쟁 관계에 있는 회사와도 파트너십을 맺었다.

애플 최고경영자인 팀 쿡 역시 조용한 소통과 경청의 리더십을 갖고 있다. 쿡은 괴팍하고 지나칠 정도로 열정적이어서 동료들에게 상처를 주기 일쑤였던 스티브 잡스와는 달리 절대 자신의 목소리를 앞세우거나 높이지 않는다. 그는 최고경영자로 취임한 후 선보인 아이폰5가 "혁신이 빠져 있다"며 혹평을 받았을 때에도 설명이나 변명 없이 침묵했다. 세상이 자신을 잡스와 비교하며 깎아 내려도 받아들였다. 그저 침묵하며 묵묵하게 조직을 안정시키는 데 주력했다.

하지만 사회적 문제에 대해서는 적극적으로 발언하고 참여한다. 성 소수자에 대한 편견을 깨기 위해 공개적으로 커밍아웃을 했고, 에이즈 방지와 여권 신장 등 인권 개선 운동에도 열정을 바치고 있다. 전 재산을 사회에 환원하겠다고 약속하기도 했다. 휴머니티와 노블레스 오블리제는 팀 쿡 리더십의 또 다른 한 축이다.

애플의 리더십과 관련해 눈여겨볼 점은 이사회다. 현재 애플 이사회 멤버는 7명이다. 이 중 집행 임원은 최고경영자인 팀 쿡 혼자다. 우리 식으로 구별하자면 사내 이사 1명, 사외 이사 6명인 셈이다. 경영진으로부터 완벽히 독립된 애플 이사회는 회사 이익에 반하는 결정을 하고 있다는 이유로 공동 창업자인 스티브 잡스마저 쫓아냈을 정도로 권한이 막강하다. '최고경영자 견제'라는 본연의 역학을 완벽히 하고 있다.

애플 이사회가 돋보이는 또 다른 이유는 다양성과 개방성이다. 이사회 멤버로 유색 인종 두 명과 여성 두 명이 포함돼 있다. 이윤 극대화를 추구하는 기업 입장에서 부담스러운 존재일 수 있는 환경 운동가와 빈곤 퇴치 활동가도 있다. 전 미국 부통령이자 노벨 평화상 수상자인 앨 고어와 서민 전용 소액 금융회사 그라민 아메리카의 최고경영자인 안드리아 정이 주인공이다.

한국 재계 관계자는 이 같은 애플의 이사회 구성에 대해 "인종과 젠더, 환경과 빈곤 문제 등 다양한 관심사를 가진 사람들이 이사회에서 목소리를 낸다면 경영진이 보다 균형 잡힌 결정을 내릴 수 있고, 각종 리스크에 선제적으로 대응할 수 있으므로 기업 입장에서도 이익이라는 철학이 바탕에 깔려 있다"고 말했다.

구글의 경우 정해진 틀이나 매뉴얼, 전통적인 생각, 리더의 권위에 의지하지 않는다는 점이 특징이다. 리더는 큰 방향만 정하고 세부

사항은 조직원에게 맡긴다. 정해진 근무 시간과 형태가 없고, 직원들에게 조직의 목표나 성과를 구체적으로 제시하지도 않는다. 비전만 제시한 후 그 비전을 구체화할 수 있는 방법은 직원들이 스스로 알아서 하도록 내버려 둔다. 직원들은 틀이나 규격, 권위에 구애받지 않고 자유롭게 아이디어를 내고, 토론하고, 그 결과를 집약해 회사에 건의한다. 구글은 이를 바탕으로 혁신적인 서비스를 끊임없이 만들어내고 있다.

학자들은 '심리적 안정감(Psychological Safety)'이라는 개념을 활용해 기업 리더십 변화의 당위성을 설명하기도 한다. 심리적 안정감이란 다른 사람들이 자신의 목소리를 반긴다고 느끼고, 업무와 관련해 그 어떤 말을 하더라도 벌을 받지 않을 것이라 생각하며 본인이 하는 말이 업무 관련 나쁜 소식, 도움 요청, 혹은 실수를 인정하는 말일지라도 그 어떤 '보복'이 없을 것이라 믿는 환경을 말한다. 또한 개인이 스스로 의견을 솔직하게 말하고, 더 좋은 결정과 더 나은 제품을 만들기 위해 마찰을 감수하려는 의지가 있는 환경을 의미한다.

〈매일경제〉 비즈타임스가 에이미 에드먼슨 하버드대 비즈니스 스쿨 교수와 한 인터뷰에 따르면 심리적 안정감은 기업의 성공에 필수 요건이다. 조직원들이 본인의 의견을 말하는 것을 두려워하거나 새로운 아이디어를 제안하는 것을 무서워한다면 기업 성과에 악영향을 미칠 수 있기 때문이다.

에드먼슨 교수는 기업의 리더가 조직 내에 심리적 안정감을 조성하는 방법 중 가장 중요한 것이 '상황에 따른 겸손함(Situational Humility)'을 갖는 것이라고 말한다. 경험하지 못해봤던 상황에 직면했을 때 개인에게 무언가가 잘못될 수 있다는 적절한 겸손함을 리더가 갖추고 있어야 한다는 것이다. 소통과 경청, 공감의 리더십과 일맥상통하는 내용이다. 에드먼슨 교수는 "상명하복식 기업 문화에서는 심리적 안정감이 탄생하기 어렵다"고 지적했다.

국내 대기업 총수들의 리더십도 시대에 맞게 변하고 있다. 4차 산업혁명으로 인한 경영 환경의 급변으로 과거 총수들의 카리스마형 리더십이 한계에 봉착하면서 새로운 리더십이 부상하고 있다.

이 같은 사실은 2019년 말 〈매일경제〉가 이재용 삼성그룹 부회장, 정의선 현대자동차그룹 수석부회장, 최태원 SK그룹 회장, 구광모 LG그룹 회장, 신동빈 롯데그룹 회장 등 5대 그룹 총수들과 전 세대 총수들의 공식석상 발언들을 빅데이터 분석해 비교한 결과에서도 나타난다.

〈매일경제〉가 단어 분석 프로그램을 활용해 5대 그룹 현 총수들의 올해 주요 발언 1만 3,000여 자와 전 세대 총수들이 경영 일선에서 물러나기 전 수년간의 주요 공식 발언 2만 3,800여 자를 분석하고 이를 통해 80여 개의 경영·리더십 관련 키워드들을 추려내 발언 빈도를 비교한 결과 세대에 따라 뚜렷한 차이점들이 발견됐다.

정의선 현대자동차그룹 수석부회장(사진 가운데)이 2019년 10월22일 서울 서초구 현대차 본사 대강당에서 열린 타운홀 미팅에 참석해 젊은 직원들과 '셀카'를 촬영하고 있다. 정 수석부회장은 현대차그룹의 조직문화를 보다 수평적이고 유연하게 바꾸는 작업에 주력하고 있다. 〈자료: 현대자동차그룹〉

우선 현 총수들이 가장 자주 언급한 키워드는 '미래'인 것으로 나타났다. 올해 공식 발언 가운데 '변화', '혁신', '21세기' 등 미래 관련 키워드 언급 비중은 무려 31.2%에 달했다. 현 총수의 부친 세대에 비해서도 미래 관련 언급은 크게 늘었다. 피크 쇼크로 인한 주력 산업 정체와 모빌리티, 인공지능 같은 4차 산업혁명 진입에 따른 불확실성

■ 국내 5대 그룹 전·현직 총수들의 Top 15 키워드 비교

(단위: 회)

키워드	직전세대	키워드	현세대
고객	58	미래	59
성장	54	고객	57
경쟁	41	혁신	32
노력	35	변화	30
경쟁력	31	새로운	28
미래	31	성장	28
새로운	30	가치	26
변화	30	반도체	26
혁신	28	도전	18
가치	25	모빌리티	18
책임	23	행복	17
위기	22	경쟁력	16
투자	21	투자	16
최고	19	경쟁	16
품질	19	노력	13

5대 그룹(삼성, 현대차, SK, LG, 롯데) 현 총수(이재용, 정의선, 최태원, 구광모, 신동빈)의 2019년 주요 공식석상 발언 합계 1만 3,000여 자(字)와 5대 그룹 직전 세대 총수(이건희, 정몽구, 최종현, 구본무, 신격호)가 경영 일선에서 물러나기 직전 공식 석상에서 발언한 총 2만 3,800여 자를 비교 분석 〈자료: 매일경제〉

이 그대로 반영된 것으로 분석된다.

반도체, 파운드리, 모빌리티, 자율주행 등 먹거리 관련 키워드(12.8%)도 적지 않았다. 투자, 신사업 등 성장 추구 관련 키워드와 달성, 정열, 집중, 정신 등 의지ㆍ성과주의 관련 키워드 언급 비중이 높았던 전 세대 총수와는 확연한 대조를 보였다.

전문가들은 과거 총수들이 1등주의, 성장 추구, 성과주의에 대한 발언을 통해 비전을 제시하고 조직의 단결을 이끌어냈다면 지금 총수들은 미래 지향적이고 사회적 가치를 추구하는 발언으로 공감대 형성을 통한 성장을 도모하고 있다는 점이 재계 리더십 변화의 핵심이라고 지적한다.

이재용 삼성그룹 부회장이 2019년 1월 청와대에서 열린 '기업인과의 대화' 행사에서 "질 좋은 일자리를 만드는 것은 기업의 의무다. 두 아이의 아버지여서 그런지 젊은이들의 고민이 새롭게 다가온다. 소중한 아들딸들에게 꿈과 희망을 줄 수 있도록 노력하겠다"고 말한 것이나, 2019년 8월 전자 계열사 사장단 긴급 비상 대책 회의에서 "새로운 기회를 창출해 한 단계 도약한 미래를 맞이할 수 있도록 만전을 기하자"고 강조한 것이 대표적인 예다.

전문가들은 총수들의 '마인드셋(사고방식)' 변화를 피크 시대의 도래와 연관 지어 해석할 필요가 있다고 진단한다. 피크 시대에는 기존 시스템이 파괴되면서 사회 전반에 걸쳐 거대한 변화가 찾아온다.

최태원 SK그룹 회장이 2019년 1월8일 서울 종로구 SK 사옥에서 열린 '행복토크' 행사에서 임직원을 상대로 강연하고 있다. 최 회장은 임직원의 행복 증진과 기업의 사회적 가치를 강조하며 SK의 변화를 주도하고 있다.

〈자료: SK그룹〉

정연승 단국대 교수는 〈매일경제〉와의 인터뷰에서 현 총수들이 미래 지향적인 키워드를 유달리 강조하는 것도 이 같은 시대 변화 때문이라고 지적했다. 정 교수는 "지금 잘하고 있다고 해서 내년에도 잘한다는 보장이 없는 시대가 됐다"며 "불확실성이 커지면서 변화와 혁신을 통해 미래 시장에 잘 대응하는 게 중요해졌다"고 말했다.

기업 전문가인 오일선 한국CXO연구소 소장의 말을 들어보자. 그는 "지금은 기업들이 나아가야 할 길을 스스로 찾아야 한다. 업계의 문화, 트렌드를 구성원들이 스스로 찾고 일사분란하게 가야 하는데, 이는 명령으로 해결될 일이 아니다"라며 "리더와 직원들과의 소통과 공감대 형성이 기업 성공에 큰 영향을 미치는 시대가 됐다"고 말한다. 또 김창경 한양대 교수는 "현 총수들이 먹거리를 자주 언급하는 것은 위기감의 발로이자 조직 구성원들에게 기업의 주력 분야에 대해 적극적으로 알리고 소통하려는 시도"라고 분석하고 있다.

최우재 청주대 경영학부 교수는 4차 산업혁명 시대가 요구하는 리더십으로 전략적 사고, 불확실성 관리, 권한 위임, 통섭, 인간 존중, 창의성, 공감 등을 제시했다. 이는 전통적인 리더십으로 꼽혔던 영감적 동기 부여, 전략적 비전 수립, 직관력, 위험 감수와 차별화되는 내용이다.

고용 증대를 통한 재분배와 낙수 효과처럼 자본주의의 밸류 체인이 작동을 멈추면서 '부의 불평등이 심해지는 것(Peak Wealth Inequility)'도 피크 시대 현상 중 하나다. 미국 ABC는 이와 관련해 "기업이 주주 이외의 다른 이해 관계자까지 고려해야 한다는 사회적 압력이 커지고 있다"고 평가했다. 신자유주의가 종언을 고하고, '도덕적 자본주의(Moral Capitalism)'가 부각될 것이라는 예언이다.

백기복 국민대 교수는 "기업이 바뀌어야 한다는 목소리가 힘을 얻고 있다"며 "사회적 가치 강조는 기업이 생존을 위해 시대 변화에 대응하고 있는 것"이라고 해석했다. 실제로 〈매일경제〉가 분석한 현 총수들의 발언 가운데 사회적 가치 관련 키워드는 미래지향 키워드에 이어 발언 빈도가 두 번째로 높았다(13.8%).

전문가들은 수십 년 동안 수직 계열의 리더십에 익숙해져 있던 조직원들의 변화를 얼마나 이끌어낼 수 있는지가 기업 성패를 가를 변수라고 입을 모은다. 리더가 바뀐다고 하더라도 직원과 조직까지 바뀌는 데는 상당한 시간이 걸린다는 지적이다.

오일선 소장은 "오히려 총수가 없을 때 경영이 잘 될 수 있는 시스템을 만드는 것이 필요하다"며 "유연한 기업 문화를 만들어놓아야만 가능한 일"이라고 말했다. 그는 "한국의 대기업이 이 같은 기업 문화로 바뀌는 데 최소 10년이 걸릴 것"으로 내다봤다.

백기복 교수도 "리더는 더 이상 위에 존재하는 사람이 아니라 그룹의 중심에 위치한 사람이어야 한다"며 "결국 리더가 끊임없이 공부하고 소통하면서 바뀌나가는 수밖에 없다. 리더가 어떤 리더십을 발휘하느냐에 따라 기업의 생존이 좌지우지될 것"이라고 말했다.

혁신은 기술보다
고객에 집중해야 한다

샌디 카터 아마존웹서비스(AWS) 부사장

　매경미디어그룹은 2020년 1월 8일(현지 시간) 미국 라스베이거스 CES 2020 현장에서 '매경 비즈니스포럼'을 열었다. 이날 매경 비즈니스포럼에는 국내외 기업 경영자, ICT 전문가, 국내 스타트업과 실리콘밸리 스타트업 및 벤처캐피털은 물론 학계, 금융계, 공공기관, 지방자치단체 관계자 등 300여 명이 참석했다. 매경미디어그룹은 매년 CES와 연계해 국내 정·재계 인사들과 글로벌 기업인들을 연결하는 이벤트를 개최해왔다. 매년 열리는 CES에서 이처럼 대규모 글로벌 네트워크 자리를 마련하는 한국 미디어는 매일경제가 유일하다.

　이날 포럼에는 특별한 연사가 초청됐다. AWS의 부사장 샌디 카터다. 듀크대학교에서 학사를 받고 하버드비즈니스스쿨을 졸업한 샌디 카터 부사장은 2013~2016년 IBM에서 전략 담당 고위 임원을 역임했고 2017년부터는 AWS 부사장을 맡고 있다. 그는 CNN이 2012년 선정한 'IT 업계의 주목받는 10대 여성 인사'이자 IT 업계 여성들을 위한 세계적 비영리 재단 '걸스인텍(Girls in Tech)'의 회장이기도 하다.

AWS는 전 세계에서 100만 명 이상의 고객이 사용하는 세계 최대 클라우드 서비스 공급자다. 이곳에서 샌디 카터 부사장은 개인 혹은 기업 고객들이 기존에 사용하던 데이터 서버에서 벗어나 아마존의 클라우드 서비스를 이용할 때 어떻게 자신의 사업을 혁신할지 돕는다.

그는 IT 기업 경영자이기에 앞서 비즈니스 혁신의 전도사다. 샌디 카터 부사장은 2013년 한국에도 번역 출판된 저서 《겟 볼드(Get Bold, 대담해져라)》에서 IBM이 어떻게 소셜 비즈니스를 혁신했는지 상세히 소개했다. 그는 매경 비즈니스포럼에서도 동석한 박원순 서울시장이 "2021년에는 서울의 스타트업들을 100곳 넘게 데려와 혁신을 촉진하겠다"고 축사를 할 때 "멋지다(Great)"라고 외치며 먼저 크게 박수를 치기도 했다.

샌디 카터 부사장은 '혁신을 통한 차별화'라는 주제의 매경 비즈니스포럼 강연에서 "혁신은 제품에 국한되지 않는다"면서 "무엇을 중심에 놓고 생각할지부터 혁신해야 한다"고 강조했다. 구체적으로는 "로봇 등을 활용한 탁월한 운영(Operational Excellence), 고객 경험(Client Experience) 확대, 비즈니스 모델 변화처럼 모든 영역을 혁신의 대상으로 놓고 봐야 한다"는 설명이다. 그는 "기술에 집중하는 것이 아니라 고객에 집중하는 것이 혁신의 핵심"이라고 결론지었다.

두 딸의 어머니이기도 한 샌디 카터 부사장은 "혁신을 어렵게 생각하지 말고 스토리로 풀어보자"며 자신이 딸과 함께 매주 일요일에 만드는 팬케이크 사진으로 강연을 시작했다. "아직 개선할 점이 많지만 사진 속 팬케이크는 딸이 원하는 니즈, 즉 고객의 소리에 귀를 기울여 만들었고, 딸이 시식 후 피드백도 준다는 점에서 기업의 제품 혁신과 크게 다르지 않다"고 말했다. 그러면서 샌디 카터 부사

샌디 카터 AWS 부사장이 미국 라스베이거스에서 2020년 1월 초 열린 CES 2020 기간 중 실리콘밸리 전문가와 경영자들로부터 정보통신기술 트렌드와 혁신 노하우를 공유하는 '매경비즈니스포럼-CES 2020'에 참석해 아마존 클라우드 전략에 대해 강연하고 있다.

〈자료: 매일경제〉

장은 "카네기멜론대학교팀의 연구에 따르면 스타트업 CEO들은 시간의 80%를 고객들과 함께 보내는 반면 규모가 큰 대기업 CEO는 20%만을 고객과 함께 보낸다"며 "그게 대기업이 실패하는 원인 중 하나"라고 덧붙였다.

　샌디 카터 부사장은 요가복의 샤넬로 통하는 룰루레몬(Lululemon Athletica)을 혁신의 대표 사례로 꼽았다. 그는 "미국 최대 규모인 룰루레몬 시카고 매장에서는 지역 주민들이 요가와 명상 강습을 받는다"면서 "이는 룰루레몬이 고객에 대한 끊임없는 연구로 고객들이 물품의 단순 구매(Transaction) 이상의 여러 경험을 원한다는 가설을 세우고, '일단 시도해보는(Test and Learn)' 방식으로 여러 경험들을 융합해 본 결과물"이라고 설명했다.

이처럼 일단 시도해보는, 다시 말해 '실험과 학습' 문화가 룰루레몬 혁신의 요체다. 샌디 카터 부사장은 "룰루레몬은 실제 매장에서 제공할 수 있는 다양한 고객 경험들을 연구했다"면서 "또 혁신의 과정에서 디지털 플랫폼을 활용해 개발 비용을 줄이고 고객 경험을 개선할 수 있었다"고 소개했다.

혁신 제품을 개발하고도 고객을 읽지 못해 실패한 사례도 있다. 샌디 카터 부사장은 미국에서 시리즈 B 투자까지 받은 '소금뿌리개(Salt Shaker)' 개발 기업의 사례를 들며 "IoT 등 여러 첨단 기술이 모두 들어간 스마트 제품이었지만 시장에서는 실패했다"며 "고객의 문제를 해결하는 것에 집중하지 않고 기술에만 집중했기 때문"이라고 지적했다.

샌디 카터 부사장은 또 다른 혁신으로 아마존을 들었다. 그는 "앞서 밝혔듯 수많은 대기업이 고객에 소홀해 혁신에 실패하지만 아마존은 반대"라고 했다. 아마존은 모든 팀에 기술보다도 고객의 문제와 니즈가 무엇인지 이해하는 일에 집중하도록 요구한다는 설명이다. 그의 강연에 따르면 아마존은 3가지 'C의 원칙'을 경영 철학으로 삼는다. 즉 '고객에 대한 집착(Customer Obsession)', '실패를 두려워하지 않는 문화(Culture)', '하루에 100가지 이상 질문을 하는 호기심(Curiosity)'으로 구성된 철학이다. 샌디 카터 부사장은 "아마존은 거대 기업이지만 스타트업 같은 끊임없는 혁신의 성장 엔진을 가동하고 있다"면서 "혁신은 단순히 고객의 문제를 이해하는 수준을 넘어서서 깊이 공감하고 느끼는 것(Empathy)과 동의어"라고 강조했다.

C의 원칙을 실천하는 구체적 방법도 나왔다. 샌디 카터 부사장은 우선 고객에 대한 집착을 실천하기 위해 비용을 생각하지 않고 고객의 니즈와 경험에 대해 생각해볼 것을 조언했다. 제품과 기술을

개발하기에 앞서 보도자료와 질의응답(FAQ)을 먼저 써보는 방법을 소개하기도 했다. "질의응답을 미리 써보는 과정에서 고객이 누구이고 그들의 문제가 무엇인지 깊이 생각해보지 않을 수 없기 때문"이라고 샌디 카터 부사장은 설명했다.

그에 따르면 실패를 두려워하지 않는 문화와 하루에 100가지 이상 질문하는 호기심은 모두 "실패할 수 있도록 하고, 늘 새로운 질문을 할 수 있도록 돕는 문화"로 요약된다. 샌디 카터 부사장은 "어린이들이 하루에 100가지 넘는 질문을 하는 반면 어른이 된 성인들은 하루에 평균 7~8가지밖에 의문을 가지지 않는다"며 "일론 머스크나 스티브 잡스 같은 혁신가들은 진정으로 문제를 이해하고 새 아이디어를 얻기 위해 하루에 수없이 많은 질문을 하는 사람들"이라고 말했다. 그는 "아마존에서는 매주 수요일마다 팀이 모여 무엇에 실패했고 이를 통해 무엇을 배웠는지를 공유하는 시간을 가진다"고도 소개했다. "실패가 부끄러운 것이 아니라는 문화가 정착될 때 크고 담대한 혁신에도 도전해볼 수 있다"고 그는 덧붙였다.

강연의 말미에서 샌디 카터 부사장은 연못 속의 수련 꽃이 두 배씩 늘어나는 현상을 소개했다. 그는 "매일 시장이 두 배로 커지고 방향이 바뀌는 상황에서 '내일'은 이미 늦다"며 "CES에서 배운 것이 있다면 너무 많이 생각하지 말고 오늘 당장 실행에 돌입하라"고 강조했다.

제3부

승부처

모빌리티, 방향은 하나

모든 빅데이터들을 기반으로 한 인공지능과 5세대 이동통신 기술 등 4차 산업혁명 물결은 여러 기술을 연결하고 융합해서 산업별 경계마저 급속도로 허물고 있다. 기존의 업종 구분은 무색해졌고, 기업들은 무한 생존 경쟁으로 내몰리고 있다. 오일, 자동차, 휴대폰, 조선, 철강 등 전통 제조업에서 성장의 정점을 찍고 하락하는 피크 쇼크까지 예고되고 있다.

똑같은 형태의 제품을 대량 생산해 시장에 내놓기만 해도 매출을 올리던 시대는 지나갔다. 과거에 익숙했던 경영 전략을 고집하다가는 도태할 수밖에 없다. 2020년은 새로운 10년을 준비하는 출발선이다. 새로운 시장을 개척하고 소비자를 발굴하려고 부지런히 찾아나서는 기업만이 지속가능할 수 있다. 그렇다면 산업 현장에서 나타나는 새로운 미래 먹거리는 무엇일까.

기업들은 이동성의 편의성을 높이는 개념인 모빌리티(Mobility)에 주목하고 있다. 내연자동차가 전기차 등 친환경차를 넘어 자율주행차로 진화하는 과정에서 정보통신기술, 자동차, 철강, 에너지 산업이 모빌리티 플랫폼으로 결집하기 때문이다. 앞으로 모빌리티는 기술융합이 가장 활발하게 나타나면서 인간 편의성을 높여줄 것으로 기대된다.

국내외 완성차업체뿐만 아니라 IT·모바일 기업들은 이미 모빌리티에 대대적인 투자에 나섰다. 이로써 모빌리티는 기업별 기술 경쟁에서 최대 격전지로 부상하고 있다. 최근의 글로벌 자동차업계 공급 과잉에 따른 생존 경쟁과 모빌리티 패러다임 변화에 대해 '카마겟돈(Car-Mageddon, 대혼란)'이라는 수식어까지 나올 정도다.

삼정KPMG가 발간한 〈플랫폼 비즈니스의 성공전략 보고서〉에 따르면 글로벌 시가총액 10대 기업에 마이크로소프트, 애플, 아마존, 알파벳(구글 모회사), 페이스북, 알리바바, 텐센트 등 플랫폼 사업을 하는 '테크 자이언트' 7곳이 포함됐다. 이들 기업 시가총액은 2019년 9월말 기준 모두 5조 1,243억 달러(약 6,026조 원)에 달했다. 이러한 플랫폼 비즈니스 확산에 가장 크게 영향받을 산업으로 모빌리티가 손꼽혔다. 각종 모빌리티 플랫폼 서비스 경쟁과 자율주행 기술 상용화에 따라 모빌리티 산업 생태계 전반에 대변화가 예상된다.

모빌리티 기업들의 시장 가치는 이미 완성차업체를 앞지르고 있다. 2009년 설립되어 11년째를 맞이한 모바일 차량 예약 서비스업체 우버의 시가총액은 최근 감소했음에도 불구하고 2019년 말 기준 500억 달러(약 57조 원) 수준을 유지하면서 미국 GM과 비슷했고 현대자동차(26조 원)보다 많았다.

삼성, 현대자동차, SK, LG 등 4대 그룹뿐만 아니라 대부분의 기업들이 모빌리티 기술을 선점하고자 승부수를 던졌다. 2020년 1월 7~10일 미국 라스베이거스에서 열린 CES 2020에서 대부분의 글로벌 IT·전자업체와 자동차업체들이 모빌리티 기술과 비전을 선보이며 치열하게 경쟁했다.

이 같은 모빌리티 지각 변동에 대한 완성차업계의 시각은 어떨까. 다음은 정의선 현대자동차그룹 수석부회장이 2019년 10월 서울 양재 사옥 대강당에서 임직원들과 타운홀미팅을 하면서 언급한 말이다. "저희(현대·기아자동차)가 자동차를 만드는 회사라는 것은 분명하지만 미래에는 자동차가 50%, 나머지 30%는 PAV, 20%는 로보틱스가 될 것이라고 생각합니다. 그 안에서 서비스를 주로 하는 회사로 변모할 것입니다."

사실상 현대자동차그룹의 미래 청사진을 제시한 것으로 경영 전략 측면에서 시사하는 바가 크다. 자동차 제조업체를 넘어 스마트 모빌리티 솔루션 기업으로 전환하려는 포부가 담겼기 때문이다. 이러한 연장선에서 정의선 수석부회장은 2020년 1월 CES 2020에서 아래와 같이 미래 모빌리티 비전을 전격 발표했다.

"CES 2020은 현대자동차(혁신의) 시작에 불과합니다. UAM(Urban Air Mobility, 도심 항공 모빌리티)과 PBV(Purpose Built Vehicle, 목적 기반 모빌리티), 허브(Hub)의 긴밀한 연결을 통해 끊김 없는 이동의 자유를 제공하는 스마트 모빌리티 솔루션으로 사회에 활기를 불어넣고 '인류를 위한 진보'를 이어나가게 할 것입니다."

정의선 수석부회장의 이 같은 발언은 도시화로 인한 교통 혼잡을 극복하기 위해 하늘을 새로운 경로로 활용하고, 지상에서는 사람과 사람을 이어주며, 하늘과 땅의 환승 거점 등 솔루션을 결합하겠다는 의미다.

실제로 CES 2020 전시장에 마련된 현대자동차 부스는 자동차 대신 무대 중앙에 전장 10.7미터, 날개는 15미터에 달하고 총 8개의 프로펠러를 장착한 PAV가 설치되어 시선을 사로잡았다. 현대자동차가 글로벌 승차 공유 플랫폼 우버와 협업해서 개발한 실물 크기의 개인용 비행체 콘셉트 'S-A1'이다.

S-A1은 도시와 도시를 연결하는 혁신적인 솔루션이다. 전기를 동력으로 수직 이착륙하며, 조종사를 포함해 5명이 탑승할 수 있다. 최고 속력은 시속 290킬로미터에 달하며 최대 100킬로미터까지 비행

현대자동차가 2020년 1월 미국 라스베이거스에서 열린 CES 2020에 전시한 개인용 비행체 콘셉트 모형

〈자료: 매일경제〉

가능하다. 승객이 타고 내리는 5분 동안에 전기 배터리를 고속 충전
하기에 재비행할 수 있는 기능도 갖추게 된다. 시제품은 2023년께 나
올 것으로 보인다. 초기에는 조종사가 직접 조종하지만 앞으로 자율
비행도 가능해진다.

　　PAV는 이착륙장인 스카이포트와 함께 도심항공 모빌리티를 구성
하는 필수 요소다. 최우선 가치는 안전이라고 할 수 있다. 이에 따라

프로펠러 하나에 문제가 발생해도 이상 없이 이착륙하도록 기술적인 안전장치도 마련된다. 비상 상황에 대비해서 낙하산 전개 시스템도 갖춰진다. 도심을 이동하면서 탑승자끼리 원활히 대화할 수 있게 저소음으로 설계되고, 탄소 복합 소재를 이용해 경량화하며, 승객 중심의 사물인터넷도 결합된다. 정의선 수석부회장은 2028년께 일부 지역에서 이러한 UAM을 상용화할 것으로 전망했다.

지상에서 목적지까지 이동하는 동안 탑승객에게 필요한 맞춤형 서비스를 제공하는 PBV는 전기차 기반으로 운행하면서 인공지능을 통해 최적의 경로를 설정한다. PBV는 차량 하부와 상부의 완전한 분리가 가능하고 차량의 목적에 따라 기존 길이 4미터에서 최대 6미터까지 확장할 수 있다. PBV는 미래 사회의 다양한 라이프 스타일에 맞춰서 어떤 형태로든 설계된다.

예를 들어 도심 셔틀 기능을 포함해 식당, 카페, 호텔 등 여가 공간부터 병원과 약국 등 사회 필수 시설 공간으로 연출될 수 있다. 이러한 목적에 따라 맞춤형 모듈 제작이 이뤄지기에 차체가 '이동 수단'을 넘어 '삶의 공간'으로 진화한다.

현대자동차는 PBV에 도시의 상징, 이동형 삶의 공간, 군집 주행이라는 세 가지 핵심 가치를 적용하기로 했다. PBV 간에 자율 군집 주행이 가능해지면 개인별 수하물은 물론 미래 도시 물류 산업의 혁신적인 변화를 불러올 수 있다.

　마지막으로 허브는 UAM과 PAV를 연결하는 구심점이자 사람들이 다양한 방식으로 교류하는 커뮤니티다. 허브 최상층에는 PAV 이착륙장이 위치하고, 1층에는 도심 운행을 마친 지상 PBV를 연결하는 '도킹 스테이션(Docking Station)'이 여러 방향으로 설치된다. 허브에 다양한 용도의 PBV가 결합되면 복합 문화 공간으로도 변모한다. 만일 외과, 치과, 안과, 약국 등 의료 서비스 용도의 모빌리티를 합치면 종합병원 기능을 갖는다.

　현대자동차는 사람과 사람이 지속적으로 소통할 수 있는 새로운 공간을 창출하는 데 목표를 두고 있다. 이를 통해 활력 넘치는 인간

현대자동차가 2020년 1월 열린 CES 2020에 전시한 미래 모빌리티 플랫폼 비전 이미지 〈자료: 현대자동차〉

중심의 역동적인 미래 도시를 구현하겠다는 방침이다.

현대자동차는 이와 같은 비전의 첫 걸음으로 2019년 11월 미국 로스앤젤레스에 모빌리티 서비스 기업인 '모션랩(Moceanlab)'을 설립하고 미래 모빌리티인 '차량 공유' 실증 사업을 진행하고 있다. 자동차 제조사를 넘어 고객 이동의 자유에 기여하는 '스마트 모빌리티 솔루션 기업'으로 거듭나기 위한 행보다. 현대자동차는 카셰어링을 미국 전역으로 확대하는 방안도 구상하고 있다. 이렇게 쌓아올린 운행 빅데이터는 앞으로 전기차에 이어 자율주행차를 포함한 미래 모빌리티 기술로 축적된다.

예를 들어 미국 로스앤젤레스에서 유동 인구가 가장 많은 유니온 역에서 스마트폰으로 현대자동차의 카셰어링 서비스 앱인 '모션 카셰어'를 다운로드받아 구동하면 현재 가장 가까운 곳에 사용 가능한 공유 차량인 아이오닉 플러그인하이브리드(PHEV) 정보가 뜬다. 2020년 3월부터 분당 요금제가 적용되면 약 20분간 운행했을 때 4달러만 내면 된다.

앞으로는 주요 역을 거점으로 로스앤젤레스 시내까지 출발지와 도착지가 다른 편도 운행(프리플로팅)도 가능해진다. 또한 카셰어링에 활용되는 차량을 현재 아이오닉 플러그인하이브리드 15대에서 니로 하이브리드차(HEV) 등을 추가해 최대 300대 이상으로 운영 규모를 확대하기로 했다.

글로벌 자동차 공급 과잉에 따라 머지않아 완성차별로 생존 경쟁과 함께 대변혁이 예고된 가운데 현대자동차는 다양한 혁신 기술로 돌파구를 마련한다는 구상이다. 이에 따라 현대자동차는 미래 모빌리티 서비스 실험실로 로스앤젤레스를 선택했고 모션랩 테스트베드 사업을 통해 핵심 기술을 축적하기로 했다. 앞으로 현대자동차의 모션랩은 카셰어링 사업뿐만 아니라 국내에서 시범 적용에 착수한 마이크로 모빌리티(라스트마일 모빌리티)와 연계해 최종 목적지까지 이동 편의성을 제공하는 다중 모빌리티 서비스를 제공하기로 했다.

현대자동차와 형태는 다르지만 일본 도요타도 미래 모빌리티 혁신으로 나아가는 중이다. 도요타가 던진 승부수는 다양한 모빌리티로 도시와 연결해 상호 작용하는 커넥티드 시티이다. 도요타 아키오 도요타자동차 사장은 CES 2020에서 기자 간담회를 갖고 후지산을 배경으로 커넥티드 시티 미래 청사진을 화면으로 보여주면서 "시즈오카현 스소노시에 있는 히가시후지 공장 터에 인공지능, 사물인터넷 실증도시인 '우븐 시티(Woven City)'를 2021년에 착공하겠다"고 밝혔다. 'Woven'은 옷감 등을 짜다는 의미의 영단어 'Weave'의 과거분사형이다. 도요타의 출발이 1918년 방직회사였는데, 그때의 도전 정신을 이어가겠다는 의미를 미래형 도시 이름에 담았다.

우븐 시티는 자율주행차, 로봇, 인공지능, 사물인터넷 등 현재 개발 중이거나 앞으로 개발할 신기술과 서비스를 일상생활에 적용하는 실험 공간으로 활용된다. 이곳에는 도요타자동차 직원과 연구원 및 주민 2,000여 명이 거주할 예정이다. 도요타는 2년 전 CES에서 모빌리티 기업으로 전환을 선언한 바 있다.

도요타 아키오 사장은 "도요타자동차는 세계를 더 나은 곳으로 만들기 위한 역할을 할 것으로 믿고 있다"며 "앞으로 조성할 실증 도시가 작지만 중요한 첫걸음"이라고 말했다.

일본 전자업체인 소니는 CES 2020에서 전기차 콘셉트카인 '비전 S'를 깜짝 공개해서 주목받았다. 비전S는 IT · 전자 기업이 몰려 있는 라스베이거스 컨벤션센터 센트럴홀에서 단연 눈길을 끌었다. 소니

일본 IT 기업 소니가 2020년 1월 미국 라스베이거스에서 개최된 CES 2020에서 공개한 전기차 콘셉트카 '비전S'

〈자료: 매일경제〉

비전S 내부에는 레이저와 동영상 카메라를 이용해 사람과 물체를 감지하는 33개의 센서가 달렸다. 이러한 센서가 파악한 차량 주변 정보는 인공지능과 클라우드 컴퓨터의 초고속 분석을 통해 사고 위험을 감지한다. 차량 내부에는 다섯 개의 스크린과 360도 입체 스피커가 설치되어 편안하게 엔터테인먼트를 즐기게 하는 데 초점이 맞춰졌다. 소니는 차량 안전 인증을 받아 실제 도로에서 시연하며 카메라 센서 우수성을 널리 홍보할 계획이다. 비전 S를 대량 생산하는 것은 쉽지 않겠지만 차량용 카메라와 센서 매출 증대를 이끌 것으로 보인다.

이런 가운데 독일 고급 완성차도 모빌리티 따라잡기에 나섰다. 메르세데스-벤츠는 CES 2020에서 할리우드 영화 〈아바타〉에서 영감을 얻어 인간, 자연, 기술을 연결하는 콘셉트의 쇼카인 '비전 AVTR'을 선보였다.

올라 칼레니우스 다임러그룹 이사회 의장 겸 메르세데스벤츠 회장은 "비전 AVTR은 먼 미래를 내다보는 쇼카이자, 영화 〈아바타〉의 환상적인 세계관에서 영감을 얻어 제작된 차량"이라며 "사람과 기계와의 연결을 위해 나무 막대기, 플라스틱 손잡이, 스티어링 휠이 없는 완전히 새로운 방식을 채택했다"고 소개했다. 그는 자원은 항상 한정적이라는 것을 잘 이해하고 있지만 개인용 모빌리티에 대한 글로벌 수요는 증가하고 있다고 진단했다. 그러면서 "우리는 지구의 기존 영역을 적극적으로 존중하지만 개인용 모빌리티에 대한 새로운 경계를 추가하지는 않을 것"이라며 "다시 말해, 해결책은 자동차의 수를 줄이는 것이 아니라 더 좋은 자동차를 만드는 것"이라고 강조했다.

아우디는 탑승자와 교감 가능한 모빌리티인 '인공지능: ME' 쇼카를 선보였다. 눈으로 차량과 직관적으로 소통하고 가상현실(VR) 고글을 착용하면 가상 비행을 즐길 수 있으며 배달 음식을 주문할 수 있는 제3의 생활 공간을 지향한다. 아우디 인텔리전스 익스피리언스는 사용자의 습관을 학습하고 인공지능과 결합한 지능형 기능을 사용해 탑승자의 안전과 편안함을 향상시키게 된다.

세계적 자동차 부품 기업 콘티넨탈은 차량 후드 아래 모습을 투사해서 지형과 장애물을 확인해주는 '투명 후드'를 세계 최초로 개발해 공개했다. 투명 후드는 4개의 위성 카메라와 전자 제어 장치로 구성된 콘티넨탈의 서라운드 뷰 시스템을 기반으로 한다.

니콜라이 세처 콘티넨탈 이사회 맴버는 "모빌리티 환경이 급격하게 바뀌면서 14년째 CES에 참석하고 있는데, 자동차의 발명 이래 전례 없는 변화를 겪는 중"이라며 "지난 2년간 확실해진 것은 우리에게 더 많은 차가 필요한 게 아니라 차별화된 차가 필요해졌다는 것"이라며 자동차와 도시를 연결하는 솔루션을 강조했다.

국내 기업 간의 모빌리티 선점 경쟁 역시 뜨겁다. 삼성전자는 IT·전자를 기반으로 모빌리티로 영토를 넓혀가고 있다. 삼성전자는

2016년 세계 1위 자동차 전장 기업인 하만을 80억 달러에 인수한 이후 차량용 디지털 전자 장비 분야 기술 시너지를 극대화하고 있다. 또한 3억 달러 규모로 오토모티브 혁신 펀드를 조성해서 오스트리아 자율주행 혁신 기업인 티티테크에 첫 투자를 하기도 했다.

LG전자는 2018년 4월 자동차용 헤드램프 기술을 갖춘 오스트리아 ZKW를 1조 4,000억 원에 인수한 이후 기술 제휴를 확대하고 있다. 또 이스라엘 자율주행 솔루션업체인 바야비전에 투자했고, 퀄컴과는 커넥티드카 플랫폼 공동 개발 계획을 발표하는 등 공격적으로 모빌리티 분야를 확대한다.

SK그룹은 전기차용 배터리 사업 경험을 토대로 E모빌리티와 에너지 솔루션으로 사업 영역을 확장 중이다. 차량 공유업체인 쏘카의 2대 주주로 참여한 데 이어 미국 내 카셰어링업체인 투로 등에 투자하기도 했다. 또 AJ렌터카 인수 이후 SK그룹 모빌리티 역량을 결집해 새로운 시장 진입 기회를 탐색하고 있다. SK그룹은 CES 2020에서 고객 혁신의 방향성을 제시하면서 미래 E-모빌리티 핵심을 모은 'SK 인사이드(Inside)'를 발표했다. 최첨단 전기차 배터리와 초경량·친환경 소재 및 각종 윤활유 제품 등을 패키지로 묶은 것이다.

신성장 동력을 찾아 모빌리티에 뛰어드는 기업은 계속 늘어나는 중이다. 석유화학업체인 GS칼텍스는 카닥, 오윈, 그린카, 소프트베리 등 국내 혁신 스타트업에 연달아 지분 투자하면서 미래 모빌리티 기

술에 승부수를 던졌다. 한화시스템은 최근 미국 에어택시업체인 오
버에어에 2,500만 달러를 투자하면서 신시장 개척에 나섰다. HDC그
룹 역시 아시아나항공 인수를 통해 모빌리티 그룹 도약이라는 청사
진을 밝힌 바 있다.

사람 없는 운전, 사람 없는 공장

2002년작 미국 할리우드 영화 〈마이너리티 리포트〉 속 주인공(톰 크루즈)의 행적을 따라가면, 우리는 완전 자율화된 산업을 생생히 체험할 수 있다. 2054년 미래에 주인공은 인간 근로자는 한 명도 없는 무인 자동화 공장에서 갓 생산한 완전 자율주행차 '렉서스 2054형' 모델을 타고 정부 요원의 추격을 따돌린다. 2054년의 자동차 도로는 더 이상 아스팔트가 아닌 움직이는 벨트로, 도로 위 차량들은 아예 핸들이 없이 군집 자율주행으로만 운행한다. 승객은 차 안에서 담소를 나누거나 영화를 보며 휴식을 즐긴다.

피크 쇼크를 극복하기 위한 전 세계 산업계의 경쟁은 영화 〈마이너리티 리포트〉에서 엿본 미래상, 즉 '무인(無人)'의 미래를 향한 경주다. 세계적 완성차 기업과 IT 공룡, 이동통신사, 부품사들은 운전자가 필요 없는 완전 자율주행차 개발에 몰두 중이다. 운전자가 지정한 최고 속도로 운행하며, 앞차가 가까워지면 속도를 줄이거나 정차한 뒤 멀어지면 다시 가속하는 ACC(Active Cruise Control, 능동 크루즈컨트롤), 차량이 차선을 벗어나지 않도록 잡아주는 차선 이탈 방지 시스템 같은 기초적 자율주행 기능은 이미 2018~2019년 출시한 글로벌 완성차 모델에 기본 탑재됐다.

자율주행차는 자동차에 정보통신기술을 융합해 스스로 환경을 인식하고, 판단하며 경로를 계획할 수 있는 차량으로 정의한다. 정보통신산업진흥원(NIPA)에 따르면 자율주행차는 환경 인식, 위치 인식과 정밀 지도를 기반으로 한 맵핑, 판단, 제어, 사람과 컴퓨터 간 상호작용(HCI, Human Computer Interactionr) 등 5개의 주요 요소와 교통 사고를 방지하는 첨단 운전자 보조 장치(ADAS, Advanced Driver Assistance System), 다른 차량의 흐름과 주변 교통 상황을 파악하기 위한 차량대 사물 통신(V2X, Vehicle To Everything), 사람과 컴퓨터의 소통을 위한 아날로그-디지털 전환 인터페이스(HMI, Human Machine Interface)로 이뤄진다. 이 모든 기술은 반도체와 정보통신기술에 뿌리를 두고 있고, 전통 완성차 기업과 자동차 부품사들이 홀로 개발하기는 불가능하다. 결국 자동차와 정보통신기술의 융복합이 필수 불가결하다.

자동차업계와 정보통신기술이 한데 모이며 자율주행 관련 산업은 기하급수적으로 커진다. 주요 컨설팅 및 시장조사기관과 업계 전문가들은 자율주행차의 본격 성장 기점을 2025년으로 본다. 유진투자증권은 2017년 〈신정부 출범과 4차 산업혁명 보고서〉에서 각 컨설팅 기관의 전망치를 한데 모아 소개했는데, 보스턴컨설팅그룹(BCG)은 자율주행차 시장이 2025년 420억 달러(약 49조 560억 원)에서 2035년 770억 달러로 성장할 것으로 내다봤다. 2035년 생산되는 전 세계 완성차 중 1,800만 대가 부분 자율주행차, 1,200만 대가 완전 자율주행차라고 BCG는 전망했다. 2010년대 후반 기준 전 세계에서 생산되는 신차는 매년 9,000만~1억 대 정도인데, 이 중 30%를 넘나드는 비중이다.

물론 주요 기관들의 자율주행 관련 전망은 상이하다. ABI리서치는 2035년 신차 중 4,200만 대가 완전 자율주행 기능을 탑재할 것으로 예상했다. 자율주행 및 에너지 신사업 분야에서 신뢰도가 높은 조사기관 네비건트 리서치는 자율주행 관련 시장이 2020년 1,890억 달러에서 2035년 1조 1,520억 달러로 성장할 것이라고 추정했다.

자율주행차 연구는 1950년대 말 미국 전자업체인 RCA와 GM, 독일 지멘스 등이 처음 시작했다. 초기 자율주행차 콘셉트는 도로와 차량의 상호 협조 체계였다. 이어 1960년대 일본 정부(옛 통상산업성)와 독일 뮌헨연방국방대 등이 개별 연구를 통해 도로와 협조가 필요 없는 자율차 기술의 토대를 구축했다. 자율주행차 기술은 이후 정부 기

■ 미국 SAE가 규정한 자율주행 시스템의 단계별 정의

0단계
자동화 없음

- 운전자가 모든 상황에서 운전

1단계
운전자 지원

- 차량은 운전자가 통제하지만, 시스템이 운전자를 일정 부분 지원

2단계
부분 자율주행

- 차량은 자동화 기능을 통해 특정 부분 담당. 모든 상황에서 운전자가 주행 및 모니터링과 관련한 상황 통제

3단계
조건 자율주행

- 운전자가 필수적이지만 상황 모니터링은 필요없고, 경고가 있을 시 차량을 통제할 준비 필요

4단계
높은 수준의 자율주행

- 시스템은 특정 조건에 따라 모든 운행 기능 수행이 가능하며, 운전자에게 차량 통제 옵션 부여

5단계
완전 자율주행

- 시스템이 전체 운행 기능을 담당하며, 운전자에게 차량 통제 옵션 부여

〈자료: 미국자동차기술자협회, 한국정보통신기술진흥센터〉

관의 공적 프로젝트 위주로 흘러왔으나 2000년대 들어서 실용화를 지향한 기업들의 연구개발이 잇따르고 있다. 특히 대형 트럭의 대열 주행, 장애인과 노인을 비롯한 이동 취약 계층을 위한 저속 자율주행 차량이 속속 개발돼 조금씩 실용화됐거나 직전 단계까지 온 상태다.

자율주행 기술을 선도하는 미국은 전 세계 업계가 기준으로 삼는 자율주행의 단계별 수준을 규정해두고 있다. 미국자동차기술자협회(SAE, Society of Automotive Engineering International)가 만든 자율주행 시스템의 단계별 수준 정의를 보자. SAE의 자율주행 시스템 정의는 0~5단계로 구분한다. 0단계는 운전자가 모든 상황을 책임지고, 1단계는 시스템이 운전자를 일정 부분 지원한다. 2019년까지 전 세계 주요 완성차 기업들이 상용화를 완료한 2단계까지는 차량이 특정 부분을 자동 수행하되 여전히 주행 통제는 운전자의 몫이다.

기업들이 2020~2021년 상용화를 예고한 3단계부터는 주도권이 사람에게서 시스템으로 넘어온다. 4단계에 이르면 부분 자율주행차가 아닌, 완전 자율주행차로 분류하고, 5단계는 시스템이 기본적으로 차량의 전체 운행을 담당하고 운전자의 통제는 선택 사항으로 남는다. 4단계 자율주행은 이르면 2025년부터 서서히 상용화하고 5단계 시스템은 2030~2040년 상용화한다는 게 업계 전문가들의 조심스러운 관측이다.

자율주행 상용화에서 가장 앞선 기업으로는 미국 전기차 기업 테

운전자 조작 없이 스스로 차선을 바꾸는 최신 테슬라 차량의 모습 〈자료: 테슬라모터스〉

슬라모터스가 꼽힌다. 테슬라의 자율주행 시스템은 일반 도로 주행 데이터가 쌓이면서 갈수록 정교해지는 딥러닝 기반의 '테슬라 오토파일럿(Autopilot)'이다. 2019년 기준 테슬라 오토파일럿은 ACC와 차선 유지 기능 외에 자동 차선 변경, 교통 신호등·표지판 인지 기능까지 갖췄다.

테슬라의 강점은 방대한 주행 데이터다. 2020년 말까지 자율주행 기술을 탑재하고 전 세계에서 팔린 테슬라 모델은 누적 100만 대에 이를 것으로 전망된다. 미국 매사추세츠 공대(MIT)의 렉스 프리드먼 교수 연구에 따르면 이 중 최신 테슬라 오토파일럿 시스템을 장착한 차량이 73만여 대(2019년 4분기 기준)로, 2020년 1월 4일부로 누적된 총 자율주행 데이터가 22억 85만 1,091마일(약 35억 4,192만 킬로미터)에 이른다. 같은 기간 구글이 확보한 총 자율주행 데이터가 2,000만 킬로미터가량으로 추정되는데 이와 비교하면 압도적이다.

GM의 자율주행 시스템 '슈퍼크루즈'는 테슬라 오토파일럿에 버금가는 성능을 자랑한다. 상용화한 자율주행 시스템 중 3단계에 가장 근접한 것으로 평가된다. 예를 들어 슈퍼크루즈 최신 버전이 장착된 GM 캐딜락 모델은 핸들에서 완전히 손을 뗀 채 지속 자율주행이 가능하다. 다른 자율주행차는 성능이 완벽하지 않아 일정 시간 핸들에서 손을 떼고 있으면 자율주행 기능이 자동 해제된다. GM은 고속도로는 물론 교통 흐름이 복잡한 도심에서도 완전 자율주행이 일부 가능하도록 2020년 내로 슈퍼크루즈를 업그레이드한다고 밝혔다.

세계 최고 검색엔진 구글은 자회사 '웨이모(Waymo)'로 인공지능 자율주행 기술을 개척하고 있다. 구글은 일본 도요타자동차, 미국 크라이슬러와 제휴해 이들의 완성차에 라이다를 장착, 미국 내 일부 지역에서 시범 운영하며 자율주행 데이터를 쌓고 있다. 이 밖에 그래픽 반도체의 선두 주자 엔비디아는 차량 외부 사물을 시각화하는 GPU 플랫폼을 공급 중인데, 테슬라는 물론 아우디, 메르세데스-벤츠 등 주요 완성차 브랜드 다수가 엔비디아 플랫폼을 쓰고 있어 자율주행 부품업계의 절대 강자로 불린다.

한국은 아직까지 자율주행 분야의 후발주자다. 현대자동차그룹의 자체 자율주행 기술력은 세계 10위권으로 분류된다. 다행히 2020년 1월 출시한 모델인 제네시스 중대형 스포츠유틸리티차량(SUV) 'GV80'은 2단계 자율주행 기술에 더해 자동 차선 변경 기능도 적용할 정도로 기술력에서 선두 주자들을 많이 따라잡았다. 현대자동차는 2018년 수소연료전지차(FCEV) 전용 모델 '넥쏘'와 제네시스 중형 세단 'G80'으로 서울에서 평창까지 고속도로에서 시속 100~110킬로미터를 유지한 채 4단계 자율주행에 성공했다고 밝혔지만 아직 세계적으로 인정받지는 못했다.

현대자동차는 정의선 현대자동차그룹 수석부회장의 주도로 개방적 협업을 통한 고난도 자율주행 기술 확보에 공 들이고 있다. 2018년에는 엔비디아와 협력을 발표했고 2019년에는 테슬라, 구글, 우버 출신 엔지니어들이 뭉쳐 설립한 미국의 자율주행 기술 스타트업 '오로라(Aurora)'에 전략 투자했다. 이어 2019년 9월 현대자동차는 델파이에서 분사한 자율주행 기술 기업 '앱티브(APTIV)'와 4조 원짜리 자율주행 연구개발 합작 법인을 만드는 계약을 체결하며 전 세

현대모비스 엔지니어가 자율주행 시험차 엠빌리를 시연하고 있다. 〈자료: 현대모비스〉

계의 주목을 받았다. 정 수석부회장은 앱티브와 함께 2022년까지 4단계 이상의 완전 자율주행 플랫폼을 개발하고 2024년에는 본격 상용화하겠다고 선언했다. 5단계 기술은 2030년까지 개발 완료가 목표다.

자율주행차 외에도 무인 기술을 향한 경쟁은 도처에서 진행 중이다. 수천 킬로미터 밖에서 중장비를 제어하는 신기술과 원격 조종으로 나는 드론, 스스로 생각하고 인간과 함께 일할 수도 있는 협동 로봇이 상용화 채비를 갖췄다. 특히 2019년 본격 상용화한 5세대 이동통신은 지연 속도 0.001초 수준의 초저지연성으로 수천 킬로미터 떨어진 곳에서도 실시간에 가까운 속도로 응답할 수 있는 원격 제어를 가능케 하고 있다.

2019년 4월, 두산인프라코어와 LG유플러스는 독일 뮌헨에서 열린 건설기계 전시회 '바우마 2019' 현장에서 5세대 이동통신 기반 건설기계 원격 제어를 시연했다. 뮌헨 전시장에 설치한 원격 제어 관제센터에서 무려 8,500킬로미터 떨어진 한국 인천의 굴삭기를 조종하는 데 성공한 것이다.

건설 현장에서 중장비 원격 제어는 현실로 조금씩 다가오고 있다. 휠로더, 스키드로더 같은 중장비들은 이미 상당수가 근거리에서 원격 제어되고 있다. 또 개발도상국 건설 현장에서는 중장비 구매 계약을 맺고 실제로 인도한 뒤 잔금 납부를 거부하는 사례가 심심찮게 있다. 이 경우 제조사들은 본사 원격 제어를 통해 기계를 아예 꺼버려 사용 불능 상태로 만들기도 한다.

최근에는 정찰, 공격 등 군사적 용도와 험지 촬영에 주로 활용했던 드론도 무인 운송 혁신의 주역으로 떠오르는 중이다. 아마존, 구글은 드론을 무인 택배업에 이용하는 방안을 검증하고 있다. 특히 아마존은 2020년 자율비행 드론을 이용해 상품 배송을 시작하겠다고 공언했었다. 아마존의 첫 배송용 드론은 전기로 충전하고 30분 안에 최대 24킬로미터 거리까지 날아가 5파운드(약 2.3킬로그램) 이하 물건을 배송할 수 있다.

드론 택배 혁명의 관건은 에너지다. 현재 민간용 드론은 15~20분 남짓한 시간 동안만 비행 가능하며 배송 한계 중량도 수 킬로그램에 불과하다. 업계는 수소 배터리 등이 상용화하면 드론의 에너지 효율이 획기적으로 높아져 수십 킬로미터 수준의 도심지 무인 드론 택배 시대가 열릴 것으로 기대하고 있다.

사물인터넷에서 사물지능으로

"향후 10년은 '경험의 시대(Age of Experiences)'입니다. 사물인터넷을 통해 여러 개의 기기가 연결돼 하나의 경험이 될 것입니다."(김현석 삼성전자 사장)

"앞으로 사물인터넷(Internet of Things)에 대한 새로운 개념이 기술 발전을 이끌 것입니다. 이제는 '사물지능(Intelligence of Things)'의 시대입니다."(스티브 코닉 미국소비자기술협회 부사장)

2020년 1월 열린 'CES 2020'에서는 2019년과 마찬가지로 인공지능, 5세대 이동통신, 사물인터넷 등이 최대 화두였다. 그러나 그 양상은 완전히 다르다. 2019년 영화 속 얘기로만 느껴졌던 이 기술들은 1년 만에 눈부신 발전을 거듭해 현실로 들어온 상태다.

더욱 고도화된 인공지능과 5세대 이동통신은 이미 우리의 일상 곳곳에 스며들었다. 특히 사물인터넷은 인공지능과 5세대 이동통신을 만나 스스로 판단해 기기 간 유기적으로 작동하는 사물지능으로 진화했다. TV 등 가전부터 자동차까지 모든 게 5세대 이동통신 기반으로 '초연결'되는 생태계를 구현했다.

가장 치열하며 광범위한 경쟁은 구글의 '구글 어시스턴트'와 아마존 '알렉사'로 대표되는 인공지능 비서 경쟁이다. 이 전쟁은 스마트홈을 넘어 커넥티트카까지 전방위로 확대됐다. 기업들은 모든 것을 하나로 연결하기 위해 가전 기업부터 자동차업체까지 다양한 글로벌 기업들 간의 협력 관계를 구축 중이다. 구글과 아마존은 스마트홈에서 자동차까지 지배적인 플랫폼 사업자가 되기 위해 가전·통신·자동차업체 등과의 협력을 무한대로 확대했다.

불과 몇 년 전까지 인공지능 스피커에 국한됐던 음성 비서는 이제 스마트폰, 가전, 자동차, 웨어러블 기기 등 일상 곳곳에 심어졌다. 모든 기기가 연결돼 사용자가 음성만으로 모든 것을 제어하는 시대가 온 것이다. 미국소비자기술협회(CTA)는 전 세계 인공지능 비서 시장이 2025년까지 평균 성장률이 30%를 기록할 것으로 내다봤다.

CES 2020 현장을 보면 전쟁의 양상이 뚜렷하게 드러난다. 구글은 삼성전자, LG전자, 소니 등 가전 제조사의 기기를 진열하고, 구글 어시스턴트의 다양한 적용 사례를 직접 볼 수 있도록 했다. 구글 어시스턴트가 집 안의 모든 가전을 연결해 공기청정기, 커피메이커, 에어컨 등 수십 개의 제품을 정해진 일정대로 작동하게 하는 기능을 선보이고, 웹페이지를 읽어주는 기술도 공개했다.

구글은 개별 부스뿐만 아니라 각 가전업체 부스에 구글 어시스턴트를 위한 공간을 만들고 확장성을 과시했다. CES 2020에서 구글 전시관을 전 세계 가전제품을 모아 놓은 '가전 전시관' 같다는 평가가 나왔을 정도다. 구글은 구글 어시스턴트가 탑재된 볼보 차량 2대를 전시하고 차량 안에서 집 안 내 기기들을 제어하고 내비게이션을 이용하는 모습도 시연했다. 구글은 이미 CES 2019에서 구글 어시스턴트와 연동된 기기가 전 세계적으로 총 10억 대를 넘어섰다고 발표했다.

아마존은 기존 가전과의 연동은 물론 자동차업체와의 협력을 강조하며 알렉사 생태계 강화에 속도를 내고 있다. 아마존은 2014년 인공지능 음성비서 알렉사를 공개하고, 인공지능 스피커에 이어 무선 이어폰, 시계, 안경, 반지 등 웨어러블 기기에도 알렉사를 탑재하고 있다. 아마존은 구글 픽셀이나 애플 아이폰처럼 자체 스마트폰은 없지만 2019년 기준 전 세계 8만 5,000개 제품 모델에 알렉사를 탑재했다.

아마존은 CES 2020에서 람보르기니 우라칸 에보와 전기차업체 리비안의 2개 차종에 알렉사를 탑재해 전기차와 알렉사의 협업을 본격화했다. 아마존은 이미 도요타, BMW, 포드 등과 협력 관계를 맺어왔는데 이를 더욱 확대하는 것이다. 아마존은 전기차에 알렉사를 탑재해 차 내 온도 조절, 창문 및 트렁크 조작 기능 등을 구현했다.

아마존은 미국 정유회사 엑손모빌과 손잡고 알렉사를 탑재한 차량 이용자가 엑손모빌 주유소에서 음성 인식을 통해 아마존 페이로 결제할 수 있는 플랫폼도 선보이는 등 적용 분야를 공격적으로 확대하고 있다.

구글과 아마존처럼 글로벌 가전 산업을 선도하는 삼성전자와 LG전자의 사업 전략에서도 가장 큰 화두는 단연 사물인터넷이다. 삼성전자는 인공지능 음성 인식 비서 '빅스비'와 사물인터넷 플랫폼 '스마트싱스'로 자사의 가전과 스마트 기기들을 연결하고 있으며 LG전자는 자체 인공지능 플랫폼 'LG씽큐'를 기반으로 사물인터넷 인프라를 구축하고, 구글 어시스턴트와 알렉사를 함께 탑재하는 '개방형 혁신' 전략을 펼치고 있다.

CES 2020에서 삼성전자는 전시관에 '갤럭시 홈 미니'로 구성된 집을 만들어 모든 전자기기의 연결을 구현했다. 특히 스마트 냉장고 패밀리 허브를 통한 홈 사물인터넷 기능을 대폭 강화해 선보였다. 삼성전자는 사물인터넷으로 실내 공기 질을 통합 관리하는 '스마트싱스 에어'도 처음 공개했으며 데이터 분석을 통해 가전제품 상태를 진단하는 '홈 케어 매니저'도 사물인터넷을 기반으로 구현했다.

LG전자도 '어디서든 내 집처럼'을 주제로 LG씽큐존을 대규모로 구성해 사물인터넷 기술을 선보였다. 공간의 경계를 허물고 인공지능으로 제품과 서비스를 연결해 한층 더 편리해진 라이프 스타일을 구현했다.

CES 2020에서 LG전자는 집 안팎을 연결하는 현관문을 사물인터넷 솔루션으로서 다양한 역할을 하는 스마트도어로 업그레이드했다. 인공지능과 사물인터넷, 빅데이터를 이용해 가전제품을 최적의 상태로 관리해주는 '프로액티브 서비스'도 시연했다. 또한 글로벌 자동차 시트업체인 애디언트와 손잡고 커넥티드카 솔루션을 선보이고 자동차와 집을 연결한 모습을 보여줬다.

홈 사물인터넷 시장에는 '큰손' 중국 기업까지 가세했다. 콘카, 하이센스, TCL, 스카이워스 등 중국 업체들은 구글 어시스턴트와 연계한 사물인터넷 서비스를 CES 2020에서 선보였다. 특히 콘카와 하이센스 전시장에는 구글에서 파견한 '구글 가이'가 상주하며 자사의 사물인터넷 서비스를 관람객들에게 알리기도 했다. 중국 최대 TV업체인 TCL은 전시관에 구글 어시스턴트를 연동한 부스를 선보였고, 스카이워스도 구글 어시스턴트를 위한 공간을 별도로 조성했다.

인공지능과 사물인터넷을 비롯해 5세대 이동통신 등 세대를 거듭하며 발전하는 통신 기술로 인해 우리 일상은 큰 변곡점을 맞았다. 개인과 거주공간을 넘어 도시 전체가 연결돼 하나의 생태계를 구축하게 될 날이 머지않은 것이다.

김현석 삼성전자 사장이 CES 2020 기조연설에서 삼성전자 동반자 로봇 '볼리'를 소개하고 있다.

〈자료: 삼성전자〉

이 같은 미래는 삼성전자와 LG전자가 CES 2020에서 공개한 기술을 토대로 엿볼 수 있다. 김현석 삼성전자 소비자가전(CE) 부문 사장의 CES 2020 기조연설 무대에는 공 모양의 로보 '볼리'가 깜짝 등장했다. 볼리는 어린이, 노인, 반려 동물 등 다양한 구성원과 함께 교감하는 동반자 로봇이다. 볼리는 무대에 올라 김현석 사장을 졸졸 따라다니며 말을 알아듣고 명령을 수행했다.

볼리는 주인을 인식해 따라다니며 집 안 곳곳을 모니터링하고 스마트폰, TV 등 주요 기기와 연동해 사물인터넷 허브 역할을 했다. 또한 온 디바이스 인공지능 기능이 탑재돼 있어 보안을 강화한 시큐리티 로봇이나 피트니스 도우미 로봇 등 개인의 필요에 따라 무한대로 기능을 확대할 수 있다.

삼성전자는 CES 2020에서 인공지능, 5세대 이동통신, 사물인터넷 기술을 적용한 커넥티드 리빙(Connected Living) 솔루션을 '개인-집-도시'에 맞춰 선보였다. 카이저퍼머넌트사와의 협업으로 개발한 심장 질환 재활 프로그램 '하트와이즈'도 커넥티드 리빙 솔루션 중 하나다. 하트와이즈는 모바일 기기를 활용해 만성 심장 질환 환자의 상태를 상시로 감시하고 이상 징후 발생 시 의사의 진료를 적기에 받을 수 있도록 연결한다.

또한 삼성전자는 사람들이 집을 피트니스, 요리, 갤러리 등 개인 맞춤형 공간으로 새롭게 재창조하기를 바라는 심리를 담아 이를 기술로 승화했다. 삼성전자는 웨어러블 보행 보조 로봇인 '젬스'를 입은 사용자가 증강현실(AR) 글라스를 착용하고 집에서 가상의 개인 트레이너에게 맞춤형 피트니스를 받는 솔루션을 예로 들어 시연했다.

삼성전자는 미래 주방 공간에서 소비자들이 누릴 수 있는 경험의 진화에 대해서도 강조하고 있다. 삼성전자는 사물인터넷 냉장고 '패밀리 허브'가 맞춤형 식단을 짜서 간편하게 요리할 수 있도록 레시피를 추천해주고, 가정용 식물 재배기가 키운 허브로 음식의 맛을 더하며 인공지능 셰프인 '삼성봇 셰프'가 요리를 도와주는 등의 시나리오를 CES 2020에서 소개했다.

삼성전자는 전 세계적 도시화 추세에 맞춰 스마트 시티에 대한 비전도 공유하고 있다. 2050년 전 세계 인구의 70%가 도시에서 거주하게 될 것으로 예측되면서 삼성전자는 인공지능, 5세대 이동통신, 사물인터넷을 기반으로 한 기술이 도시에 가져올 수 있는 변화에 대해서도 준비하고 있다. 또한 자동차와 사물을 연결하는 'V2X(Vehicle-to-Everything)'를 통해 차와 도시 전체를 연결하고, 스마트 기기로 커넥티드 커뮤니티를 형성하는 것을 목표로 하고 있다.

LG전자는 CES 2020에서 3차원(3D) 카메라로 사용자의 신체를 측정해 아바타를 만들고, 가상공간에서 이 아바타에 옷을 입혀 실제 옷을 입어보지 않고도 입은 느낌이 어떤지 확인할 수 있는 피팅 기술인 '씽큐 핏' 기술을 공개했다. 이용자는 씽큐 핏을 통해 머리 스타일, 안경 디자인, 맞춤 수선까지 할 수 있으며 옷을 주문해 구입까지 가능하다.

LG전자는 로봇이 접객, 주문, 음식 조리, 서빙, 설거지 등을 모두 수행하는 '클로이 테이블' 서비스도 선보이며 인공지능 로봇 레스토랑 시대를 예고했다. 클로이 테이블은 LG씽큐와 연동해 이용자가 집이나 차 안에서 인공지능 음성 비서를 통해 레스토랑 예약, 메뉴 확

LG전자 모델들이 CES 2020 현장에서 LG전자 피팅 시스템 '씽큐 핏'을 시연하는 모습　　　〈자료: LG전자〉

인, 도착 시간 알림 등을 할 수 있다.

당장 또는 수년 안에 상용화 가능한 사물인터넷 서비스가 이 정도임을 감안하면 향후 10년 혹은 20년 뒤의 일상은 어떨지 감히 상상하기 어렵다. 그러나 분명한 것은 무엇을 상상하든 그 이상이 될 것이라는 사실이다.

빅데이터, 새로운 독점 시대가 열린다

최근 여행객들을 대상으로 전용 기사, 전용 차량 서비스를 제공하고 있는 벤처 기업 '무브(movv, Move Like a VIP)'는 인공지능을 이용해해외 여행객을 위한 최적의 여행 경로 제공 서비스를 준비하고 있다. 여행객이 가고 싶은 지역을 작성해 스마트폰 어플리케이션에 입력만하면 인공지능이 자동으로 사용자에게 최적의 동선을 제공해주는 방식이다. 그저 스마트폰 화면에 뜬 여행지 중 가고 싶은 곳을 '드래그'해서 옮기면 어플리케이션이 알아서 경로를 알려준다. 이는 무브가그동안 여행객을 위한 모빌리티 서비스를 통해서 차곡차곡 쌓아왔던데이터 덕분이었다. 여행객들이 찾는 장소의 특성, 예를 들면 어떤 시간에 가장 많이 방문했는지, 특정 여행지에서 머무른 시간은 어느 정도였는지, 식사가 가능한 장소가 있는지 등 다양한 데이터는 새로운 서비스를 출시하는 데 결정적인 역할을 했다.

2020년, 전 세계를 두려움에 떨게 한 중국 우한의 코로나19(우한폐렴)의 위험성을 가장 먼저 알린 것은 캐나다의 건강 모니터링 플랫폼 '블루닷'이었다. 블루닷은 코로나19가 확산되기 한 달 전에 위험성을 사전에 경고했다. 블루닷은 65개국의 뉴스와 항공자료, 동식물 질병 자료 등 광범위한 데이터를 분석해 이 같은 결론을 내렸다.

구글이 제공하는 '플루 트렌드' 역시 마찬가지다. 사람들은 감기에 걸리면 병원, 약국에 가기 전에 독감이라는 키워드를 검색한다. 구글은 이 같은 데이터를 활용, 독감 확산을 예측하는 서비스를 제공하고 있다.

미국에서 살인 등 강력 범죄 발생 빈도가 가장 높은 곳 중 하나인 피츠버그 홈우드 지역은 2016년부터 카네기멜런대에서 개발한 빅데이터 기반의 '범죄 예측 프로그램'을 활용하고 있다. 인근 지역에서 발생한 범죄 데이터를 기반으로 그날 사건 사고가 발생할 가능성이 높은 곳을 우선적으로 알려주는 프로그램이다. 미국 뉴욕을 비롯해 로스앤젤레스 풋힐과 캘리포니아 알램브라 지역 또한 2013년 이후 빅데이터를 이용한 범죄 예측 프로그램을 도입, 이후 범죄율은 약 20~30% 떨어진 것으로 나타났다.

4차 산업혁명과 함께 디지털화 된 데이터들이 실시간으로 저장되고, 이를 분석하는 인공지능의 발전으로 빅데이터는 대변혁의 중심에 섰다. 빅데이터 자체가 하나의 거대한 산업이 됐다고 해도 과언이 아니다. 아마존닷컴은 고객들의 구매 내역 데이터를 토대로 소비자의 관심사를 파악, 구매를 유도할 수 있는 광고를 노출시킨다. 우리가 수시로 스마트폰을 열고 '좋아요'를 누르는 페이스북 또한 사용자의 취향에 맞는 광고를 제공한다.

디지털 사회가 도래하면서 인간의 모든 흔적은 디지털화됐고 이는 데이터라는 이름으로 차곡차곡 쌓이고 있다. 이 데이터를 얼마나 잘 분석하고 유용하게 사용하느냐가 새로운 산업은 물론 성장과 직결되는 시대가 된 것이다. 데이터를 '21세기의 석유'라고 부르는 이유다. 마이크로소프트가 세계 최초로 바다 깊숙한 곳에 데이터센터를 구축하려는 이유도, 페이스북이 오지에 인터넷 서비스를 가능케 하는 태양광 드론 '아퀼라' 프로젝트를 추진하는 이유 모두 데이터 저장·수집과 관련이 있다.

이미 우리 삶 곳곳에는 페이스북과 아마존의 사례처럼 알게 모르게 빅데이터가 활용되고 있다. 현재 대기업을 비롯해 수많은 스타트업 등 비즈니스 시장에서 뛰고 있는 기업들은 빅데이터 활용이 사업 성공의 필수 조건으로 보고 있다. 빅데이터 기술은 전 산업에 영향을 미치는 기반 기술로 자리매김하고 있으며 인공지능의 발달과 함께 중요성은 점차 커지고 있다. 아마존의 사례에서 볼 수 있듯이 고

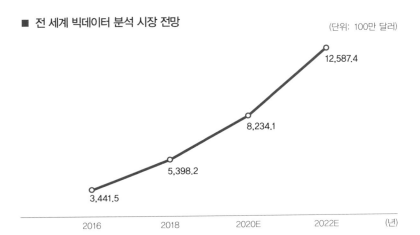

■ 전 세계 빅데이터 분석 시장 전망

(단위: 100만 달러)

12,587.4

8,234.1

5,398.2

3,441.5

2016 2018 2020E 2022E (년)

〈자료: 빅데이터앤드서비스마켓〉

객들이 남긴 데이터 속에 그들이 원하는 니즈가 포함돼 있기 때문이다. 빅데이터를 잘 활용하는 기업은 그만큼 고객의 요구에 맞는 제품을 내놓을 가능성이 높다.

KISTEP(한국과학기술기획평가원)에서 발간한 기술 동향 브리프 〈빅데이터〉에 따르면 2017년 기준 전 세계 50개 주요 기업을 대상으로 설문 조사를 한 결과 95% 이상의 기업이 빅데이터 기술에 투자하고 있다고 답했으며 비용 절감이나 혁신을 위한 방안 마련 등에서 성과를 거두고 있다고 응답했다.

세계 빅데이터 시장은 현재도 성장 중이다. IT 리서치 기업 위키본에 따르면 전 세계 빅데이터 시장 규모는 2017년 350억 달러에서

2027년 1,030억 달러로 성장할 것으로 전망된다. 전 세계 빅데이터 매출액 또한 2020년 2,100억 달러를 초과할 것이라는 전망이 나온다.

빅데이터앤드서비스마켓의 자료를 보면 전 세계 빅데이터 분석 시장 규모가 빠르게 늘어나고 있다는 것을 알 수 있다. 분석 시장 규모는 2016년 34억 4,150만 달러에서 2018년 53억 9,820만 달러까지 성장했으며, 2020년 82억 3,410만 달러, 2022년 125억 8,740만 달러로 큰 폭으로 성장할 것으로 예측된다.

빅데이터 활용은 더 이상 늦출 수 없는 흐름이 됐다. 빅데이터를 통해 고객을 끌어들인 기업은 더 많은 데이터를 얻게 되고 이는 또다시 고객을 유인하는 데 활용된다. 데이터를 활용한 '새로운 독점' 시대가 도래한 것이다.

하지만 글로벌 기업들이 쌍끌이 어선을 띄우고 빅데이터 수집 전쟁을 벌이고 있다면 한국은 다소 뒤쳐진 모양새다. 스위스 국제경영대학원(IMD)이 2018년 발표한 디지털 경쟁력 순위에서 한국의 빅데이터 사용 및 활용 능력은 63국 중 31위로 낙제를 겨우 면했다. 독일(41위), 일본(56위)에 비해 높은 순위지만 미국(3위), 덴마크(7위), 영국(11위) 등의 선진국과 비교하면 낮은 수준이다.

한국데이터산업진흥원이 조사한 '2018 데이터 산업 현황 조사'도 비슷하다. 2018년 기준 국내 기관과 기업의 단 10%만이 빅데이터를 도입해 활용하고 있는 것으로 나타났다. 업종별로도 빅데이터 도입률은 차이가 컸다. 금융업의 경우 32.9%로 빅데이터 도입률이 높았지만 의료, 물류 등의 분야는 도입률이 불과 4%에 불과했다. 미국과 유럽 등의 국가에서 의료와 물류 분야 기업들이 앞다퉈 빅데이터를 이용하고 있는 것과 대조적인 모습이다. 한국 기관과 기업들은 빅데이터를 도입하지 않는 이유로 전문 인력의 부재(41.5%)와 데이터의 부재(33.7%), 작은 기업 규모(26.9%) 등을 꼽았다. 경영진의 무관심이 14.5%를 차지한 것도 눈길을 끈다.

특히 한국은 건강보험공단과 건강보험심사평가원 등 공공기관에 축적된 공공 의료 빅데이터를 활용하지 못해 바이오·의료 분야 산업 성장에 한계가 있다는 지적이 끊임없이 제기돼왔다.

건강보험공단은 약 6조 건이 넘는 의료 빅데이터를 보유하고 있다. 전 세계 어디서도 찾을 수 없는 양질의 데이터다. 하지만 국내 제약 회사나 의료 기관이 활용할 수 있는 데이터는 제한됐다. 오죽하면 신약 개발이나 질병을 연구하는 연구진들이 해외에서 데이터를 사온다는 푸념이 나올 정도다. 그나마 2020년 1월 '데이터 3법'이 국회를 통과함에 따라 빅데이터와 인공지능을 활용한 바이오 헬스 산업 분야 신상품과 서비스 개발이 활발해질 것으로 기대되고 있다.

데이터 3법은 개인정보보호법과 신용정보법, 정보통신망법 개정안을 통칭하는데 가명 정보를 본인 동의 없이 통계 작성과 과학적 연구 등 목적으로 활용할 수 있도록 하는 것을 골자로 한다. 의료·바

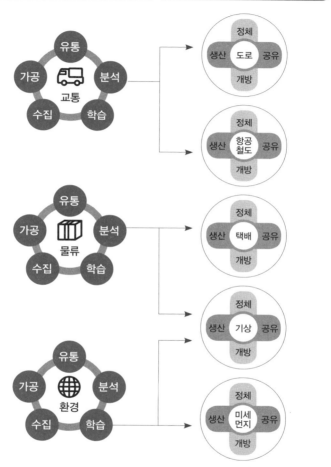

〈자료: 과학기술정보통신부〉

이오 분야에서는 데이터 3법 통과를 토대로 익명의 의료 데이터를 제3자에게 제공할 수 있는 법적 근거가 마련됨에 따라 의약품을 비롯해 신약 개발 등에 폭넓게 활용될 수 있을 것으로 기대하고 있다.

과학기술정보통신부는 2019년 공공과 민간이 협업해 데이터 생산, 수집, 분석, 유통 전 과정을 지원하는 '빅데이터 플랫폼 및 센터 구축 사업'을 시작한다고 밝혔다. 수집된 데이터를 분석 및 유통하고 새로운 혁신 서비스를 발굴 및 확산해 데이터 기반의 가치 창출 생태계 조성을 추진한다는 계획이다.

강연

전자 회로 다루듯 뇌 회로를 다뤄
뇌 질환을 진단한다

이진형 스탠퍼드대 교수

    이진형 스탠퍼드대 의대 신경과 겸 공대 바이오공학과교수(엘비스대표)는 2020년 1월9일, CES 2020에서 개최된 매경 비즈니스포럼에 참석해 '생물학적 의료와 IT의 미래'를 주제로 기술을 활용해 우리 삶에 존재하고 있는 문제들을 어떻게 실제로 풀 수 있을지에 대한 사례를 공유했다. 이진형 교수는 전기공학적 관점에서 인간의 각종 두뇌 질환을 접근하는 과학도로서, 스탠퍼드대에서 종신 교수직을 제의받은 바 있다. 그는 스탠퍼드대를 넘어 미국 정부에서도 주목하는 연구자로 손꼽힌다.

    이진형 교수는 스탠퍼드대 최초의 한국인 여성 교수(생명과학부)로 그야말로 '가지 않은 길'을 걷고 있다. 공학을 전공했지만 의과대 영역인 두뇌 연구 쪽으로 커리어를 전환해 연구를 이어가고 있다.

    그는 최근 NIH(미국 국립보건원)이 부여하는 최고의 영예인 '파이어니어상'을 받았다. 이진형 교수가 수상한 NIH 파이어니어상은 보건 영역에서 '새로운 방식으로 문제를 풀고 싶은 사람들'에게 주는 가장 큰 상이다. NIH가 주는 상 중에서 가장 선정되기 어렵고, 수상자들

이진형 스탠퍼드대 교수가 2020년 1월 초 미국 CES 2020 현장에서 진행된 매경 비즈니스포럼에서 '의료와 IT의 미래'를 주제로 강연하고 있다. 　　〈자료: 매일경제〉

은 약 550만 달러(약 70억 원)의 연구 지원금을 받는다.

　이진형 교수는 창업가로서도 활발한 활동을 이어가고 있다. 그가 연구 결과를 현실에 적용하기 위해 실리콘밸리에 만든 벤처 회사 엘비스(LVIS)는 2018년 말 한국에 법인을 설립했고 KB인베스트먼트, SK 등으로부터 170억 원의 투자를 받았다. 이진형 교수는 두뇌의 이상 여부를 진단할 수 있는 플랫폼을 연내 내놓을 계획이다. 현재 해당 플랫폼은 FDA(미국 식품의약국) 승인 절차를 밟고 있다. 그리고 2021년 뇌 질환 중 '간질'을 진단하는 서비스를 사업화할 예정이다.

　이진형 교수는 강연에서 "이제는 신뢰할 수 있는 플랫폼을 엔지니어링을 통해 만들 수 있고 비용 효율적인 제품도 개발할 수 있다"고 했다. 다만 현재 수준에서 생물학 연구(가설 기반)를 수치화할 수 있는 결과를 만들어내지 못했다는 진단이다.

그는 "스마트폰 전자 회로 다루듯 뇌 회로를 다뤄 뇌 질환을 진단하고 고치는 게 연구의 목표이자 벤처의 목표"라고 말했다. 이진형 교수는 "두뇌 건강에 디지털 혁신을 가져오기 위해서는 신경 과학에 대한 깊은 이해와 뇌의 기능을 안정적으로 재현할 수 있는 알고리즘이 필요하다"면서 "(뇌의) 객관적 기능을 정량화하고 신뢰할 수 있는 엔지니어링 플랫폼을 구축한다면 뇌 질환 치료에 획기적인 혁신이 가능하다"고 말했다.

이진형 교수 설명에 따르면 뇌는 뉴런이라는 신경 세포들이 복잡하게 연결되어서 신경 회로망을 이루고 그 동작으로 인간 행동을 제어한다. 그동안 뇌를 생의학적으로만 집중해왔는데 이제는 '회로(Circuit)'로 인식해서 접근하면 획기적인 성과를 볼 수 있다는 것이다. 실제 이진형 교수는 이 같은 이론을 바탕으로 뇌전증, 알츠하이머, 파킨슨, 우울증 등을 진단할 수 있는 소프트웨어 회사인 LVIS를 창업하고 '뇌질환 치료'에 도전하고 있다.

이진형 교수는 "디지털 중심의 경제로 갈수록 통합(인터그레이션) 속도가 훨씬 빨라진다. 플랫폼을 먼저 장악하는 사람들에 의한 전 세계적 승자 독식(Winner Takes All)이 빨라지고 있다"고 강조했다. 무엇을 디지털화할 수 있고, 무엇으로 플랫을 만들어서 시장을 선도할 수 있을지 생각해야 한다는 얘기다. 이진형 교수는 "두뇌의 기능과 관련해서는 아직 디지털 플랫폼이 없다. 바이오 분야에서는 유전자 정보가 이제 디지털화되고 있는데 나머지 부분들은 아직 시작 단계에 있다. 이 분야에서 데이터 플랫폼을 구축할 수 있는 사람이 바이오 혁명을 이끌 수 있다고 생각한다"고 말했다.

이진형 교수는 강연에서 "성공이 최종은 아니다. 실패가 운명이 아니다. 계속해서 나가는 용기가 중요하다"는 윈스턴 처칠의 명언을 인용하면서 "도처에 모든 사람을 치료하겠다는 공동의 꿈(목표)을 이루기 위한 커뮤니티를 만들어나갈 것"이라고 덧붙였다.

이진형 교수는 빅데이터 산업 육성 방안에 대해 제도 정비가 필요하다고 강조했다. 그는 "빅데이터 기업 중에는 지금에 와서는 특별한 기술이 없게 보일 수 있어도, 기술력을 바탕으로 플랫폼을 선점했기 때문에 지금 계속 성공가도를 달리고 있는 기업도 많다"며 "디지털 중심의 경제로 갈수록 통합(인터그레이션) 속도가 훨씬 빨라짐을 뜻한다"고 설명했다. 이어 "경쟁 사회에서 기회를 놓치면 다시는 기차가 안 올 수도 있는 상황이라는 것을 많은 사람들이 이해하고 한국의 경쟁력을 강화할 수 있는 제도를 정비하는 것이 정부가 해야 할 중요한 역할"이라고 강조했다.

로봇, 마지막 남은 미래 먹거리

매년 1월 첫째 주에 미국 라스베이거스에서 열리는 세계 최대 IT·가전 박람회 'CES'는 전 세계인의 이목이 집중되는 행사다. 매년 미래 기술과 혁신에 대한 힌트를 얻으려는 글로벌 기업들이 대거 몰려들기 때문이다.

2020년 초에는 특히 관심이 더 높았다. 새로운 10년을 향한 2020년이 도래했으니, 전 세계 혁신 기술의 격전장인 CES 2020에서 미래 비전을 찾을 수 있을 것이라는 기대가 컸던 탓이다.

CES 2020에서 새로운 모빌리티나 혁신 가전제품들도 물론 눈길을 끌었지만 관람객들의 발걸음을 멈춰 세웠던 것은 단연 '로봇'이었다. 한국은 물론 전 세계 기업들이 마지막 남은 미래 먹거리로 주목

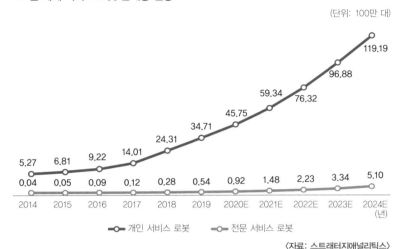

■ 전 세계 서비스 로봇 판매량 전망

(단위: 100만 대)

119.19

96.88

76.32

59.34

45.75

34.71

24.31

14.01

9.22

6.81

5.27

0.04 0.05 0.09 0.12 0.28 0.54 0.92 1.48 2.23 3.34 5.10

2014 2015 2016 2017 2018 2019 2020E 2021E 2022E 2023E 2024E
(년)

─○─ 개인 서비스 로봇   ─○─ 전문 서비스 로봇

〈자료: 스트래터지애널리틱스〉

하고 있는 로봇 시장은 크게 두 가지로 나뉜다. 서비스 로봇과 산업
용 로봇이 그 둘이다.

국제로봇연맹(IFR)에 따르면 2019년 개인과 가정용 서비스 로봇
시장의 규모는 2,210만 대, 46억 달러에서 2022년 6,110만 대, 115억
달러로 커질 것으로 예상한다. 판매 대수가 연평균 40% 늘어나고, 금
액으로는 연평균 35% 증가할 것이라는 예상이다. 한 사람이 스마트
폰을 한 대 이상 보유하는 '1인 1폰' 시대가 열렸듯, 한 사람당 로봇
한 대는 기본이 되는 '1인 1봇' 시대도 멀지 않았다는 의미다.

서비스 로봇의 범위는 개인과 가정을 넘어 확장된다. 전체 서비스

(단위: 100만 달러)

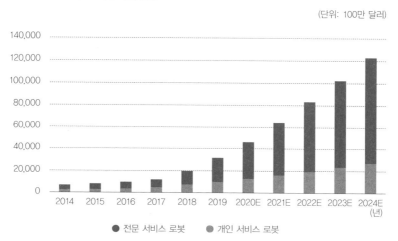

● 전문 서비스 로봇   ● 개인 서비스 로봇

〈자료: 스트래터지애널리틱스〉

로봇은 크게 개인 서비스 로봇과 전문 서비스 로봇으로 나뉜다. 개인 서비스 로봇은 이동 보조와 가사 서비스용 로봇부터 반려 로봇까지 개인 생활을 보조하는 로봇을 말한다. 전문 서비스 로봇은 환경 정화, 소방, 의료 활동 등에 투입하는 서비스 로봇이다. 시장조사기관 스트래터지애널리틱스에 따르면 개인 서비스 로봇과 전문 서비스 로봇은 2019년 전 세계에서 각각 3,471만 대, 54만 대가 판매됐으며 2024년에는 각각 1억 1,919만 대, 510만 대가 팔릴 것으로 전망된다. 반대로 2024년 전 세계 서비스 로봇 매출은 개인 서비스 로봇이 270억 달러, 전문 서비스 로봇이 950억 달러로 예상된다.

세상에 없던 새로운 가전제품을 만들어내는 데 특장점이 있는 LG 전자도 각종 로봇을 만들어내고 있다. 이미 상용화된 것들도 많다. 안내 로봇, 청소 로봇, 홈 로봇, 잔디깎이 로봇, 서브봇, 포터봇, 카트봇, 셰프봇 등 지금 당장 공항이나 음식점에서 바로 만날 수 있는 것들도 상당하다.

이미 글로벌 가전사들도 일찌감치 로봇 개발에 뛰어든 상태다. 청소기, 헤어드라이기로 유명한 영국 다이슨은 글로벌 연구개발 네트워크와 런던의 다이슨 로봇 연구소에서 가정용 로봇 개발에 들어갔다. 중국 하이얼도 2018년부터 일본 소프트뱅크 로보틱스그룹과 전략적 파트너십을 체결하고 서비스 로봇 분야로의 진출을 공식 발표했다. 독일 보쉬와 지멘스도 아마존 알렉사를 기반으로 공동 개발한 로봇 '마이키'를 내놓기도 했다.

로봇 강국인 일본에서는 이미 20년 전부터 서비스 로봇이 활성화됐다. 소니는 1999년 출시했던 강아지 로봇 '아이보'를 2018년 새롭게 선보였다. 이미 노인층을 중심으로 한 가정에서는 애완 로봇으로 활용되고 있을 정도다. 도쿄 시내 중장년층을 위주로 한 쇼핑몰에서는 로봇이 손님을 응대하고 주문을 받는 경우도 흔하다.

한국의 문재인 정부도 2019년 초부터 로봇 산업을 키우겠다는 의지를 강하게 피력해왔다. 대통령이 직접 로봇 산업 육성 전략 보고회에 참석하고, 생산 공장을 방문하면서 로봇 산업에 힘을 실어줬다. 특히 정부가 강조하고 있는 부분은 협동 로봇, 즉 산업용 로봇 중심이다. 위험 강도가 높거나 작업 환경이 유해한 곳에 로봇이 적극 활용되도록 만들어서 노동자가 좀 더 안전한 환경에서 일하면서 삶의 질을 높일 수 있는 방향으로 가겠다는 의지다. 사실 협동 로봇을 포함한 로봇 시장은 연 평균 25%씩 성장하는 고성장 산업이다. 2017년 기준 335억 달러에 불과하던 글로벌 로봇 시장은 2023년에는 1,300억 달러까지 커질 것으로 예상된다. 이런 고성장 먹거리를 두고 기업들이 사업을 벌이지 않을 리가 없다.

산업용 로봇 시장은 서비스 로봇보다 역사가 오래됐고 규모도 크다. 국제로봇연맹에 따르면 2018년 기준 전 세계 산업용 로봇의 연간 설치 대수는 42만 2,000대로 10년간 연 평균 14.0% 성장세를 보이고 있다.

한국 기업 중에는 현대중공업지주와 두산이 힘을 기울이고 있는데 분야는 약간 차이가 있다. 현대중공업지주의 로봇 사업은 1980년대로 거슬러 올라간다. 1984년 현대중공업 용접기술연구소 내 로봇전담팀으로 시작해서 1987년엔 산업용 로봇 생산을 시작했다. 2019년에는 회사를 물적 분할해 '현대로보틱스'라는 새로운 회사를 만들기도 했다. 그만큼 산업용 로봇에 대한 애정이 크다.

산업용 로봇 시장은 상위 5개사가 전체 시장 점유율의 70%를 차지할 정도인데 현대로보틱스의 점유율은 여전히 5위권 밖이다. 현대로보틱스는 그러나 산업용 로봇의 해외 진출을 서둘러서 글로벌 톱5에 진출하겠다는 야심찬 목표를 갖고 뛰고 있다.

최근 산업 로봇 분야에는 무인화의 바람이 밀어닥치고 있다. 기존 산업용 로봇은 인간 근로자와 분리된 공간에서 독립·반복 작업만을 수행했다. 하지만 최근 등장한 지능형 협동 로봇은 화상·초음파 센서를 통해 주변 상황을 인식하고 사람과 협동해서 작업할 수 있다. 아예 인간형 로봇(휴머노이드)에 가까운 형태로 두 손을 써서 다양한 작업을 홀로 자율 수행할 수도 있다.

협동 로봇 시장이 주목받는 이유는 사람처럼 두 손을 써서 일할 수 있는 데다, 좁은 공간에서 화상 센서(카메라), 초음파 센서, 힘 센서 등을 모두 갖추고 있는 융합 제품이기 때문이다. 스마트 팩토리 등 산업의 자동화가 진행될수록 협동 로봇에 대한 수요도 커질 수밖에 없는 구조다. 각종 센서나 인공지능 기술이 혁신되면서 기업들도 발빠르게 시장에 뛰어들고 있는 것이다.

협동 로봇이 처음 시장에 등장한 것은 2000년대 중반 이후로 대표적인 기업 '유니버설 로봇'이 내놓은 팔 모양의 로봇이다. 유럽과 일본에서 ABB, 쿠카, 화낙, 야스카와 등이 이 시장의 강자다.

두산은 글로벌 시장에서 협동 로봇으로 꽤 알려진 브랜드다. 이미 2015년부터 두산로보틱스라는 이름으로 시장에 뛰어들어 인간의 노동력을 보완·대체하는 역할을 상당히 수행 중이다. 두산은 연간 2만

2018년 4월 경기도 일산 킨텍스에서 열린 '서울국제제조기술쇼 2018' 현장에서 두산로보틱스가 개발한 협동 로봇이 작업을 시연하고 있다. 〈자료: 두산로보틱스〉

대 이상의 협동 로봇을 양산하고 있다.

최근에는 완벽한 무인 로봇 장비를 개발하는 시도가 잇따르고 있다. 두산인프라코어는 정보통신기술 기반의 텔레매틱스(Telematics) 기술을 활용해 굴삭기와 휠로더, 굴절식 덤프트럭 등 장비를 원격 제어할 뿐 아니라 가동 정보까지 모니터링하는 서비스를 제공한다. 일본 중장비업체 코마츠는 2016년 광산 등에서 쓰이는 186톤짜리 거대 원격 제어 '로봇 덤프트럭'을 공개해 화제를 모았다.

그런가하면 현대자동차는 입고 일할 수 있는 '웨어러블 로봇' 시장에 뛰어들었다. 글로벌 자동차 메이커 중에는 이미 로봇 메이커로 알려진 기업들도 꽤 있는데, 그 이유는 이미 자동차를 조립하는 공정에서 보조 기구로 웨어러블 로봇이 사용되고 있기 때문이다.

웨어러블 로봇은 인체의 신속한 동작을 따라 큰 힘을 낼 수 있게 하는 인체-로봇 상호 작용력 제어(HR) 기술을 구현하는 융합 시스템으로, 노약자, 장애인 등의 보행을 돕는 등의 용도로 활용된다. 인간의 판단과 의지에 따라 행동하는 신체의 동작을 인식하기 위한 센서와 그 센서로 획득한 신호를 실시간으로 변환해 처리하고 이족 로봇 모빌리티 안정화 제어와 근력 증강 제어, 중력 보상 등 로보틱스 제어를 복합적으로 적용해야 한다. 특히 인체와 접촉해 바로 작동하는 특성상 착용자의 안전을 보장하기 위해 기구, 전기, 소프트웨어 측면에서 3중의 안전장치를 갖춰야 한다.

일본 완성차업체들은 2000년대 초반부터 로봇 개발을 시작했다. 그 결과 혼다, 닛산 등은 로봇 제품 등을 선보이기도 했다. 혼다는 CES에 노인이나 장애인의 보행 보조 지원용 로봇을 공개하기도 했었다.

현대자동차그룹에서는 현대로템이 일찌감치 산업용 근력 증강 로봇을 개발해왔다. 공장 작업자가 착용하는 것은 물론이고, 군사력 강화에 필요한 병사용 웨어러블 로봇도 개발 중이다. 사실 공장에서 이루어지는 작업의 절반가량은 허리와 무릎에 무리가 가는 동작으로 작업자의 근골격계 질환을 유발할 수 있다. 하지만 허리 보조 로봇과 무릎 보조 로봇을 착용하면 허리와 무릎의 부하를 40~50%까지 줄일 수 있다는 설명이다. 노약자의 생활 보행을 지원할 수 있는 로봇이나 의료용 로봇도 개발해 임상 실험 중이다.

사실 향후 로봇 산업에서 가장 큰 성장이 예상되는 쪽도 바로 시니어와 관련된 시장이다. 일본이나 북유럽에서는 이미 시니어 케어 시장에서 로봇화가 상당히 진행된 상태다. 일본은 노인들에게 가장 필요한 침대, 휠체어 등의 로봇화가 보편화된 데 이어 최근에는 혼자 걷기 어려운 노인들을 위한 보행 지원 로봇이 상용화 단계다. 케어가 필요한 계층에서는 화장실이나 목욕탕, 부엌 등 집 안에서 짧은 거리를 이동하는 데도 인력 지원이 필요하다. 하지만 로봇 지원을 받을 경우 케어 비용을 획기적으로 줄일 수 있을 뿐만 아니라, 고령화로 인해 노인이 노인을 돌보는 노-노 케어 가정에서도 육체적, 정신적 부담을 줄일 수 있다.

CES 2020에서도 각종 센서를 이용한 시니어 케어 제품들이 대거 출품됐다. 허리에 차고 다니는 벨트를 통해 낙상을 방지한다거나 잠옷, 성인용 기저귀 등 입는 형태의 패브릭 제품들이 컴퓨터가 돼 신체나 대소변 등에서 이상 징후를 사전에 감지하는 식이다.

그러나 무엇보다도 단연 각광받을 것으로 예상되는 제품은 인간과 대화가 가능한 '커뮤니케이션 로봇'이다. 단순히 노인을 케어하는 것을 떠나서 건강하게 오래 살기 위해서는 장년층으로 갈수록 주변인들과의 대화가 중요하기 때문이다.

일본 도쿄 시부야의 쇼핑몰 도큐플라자에서는 소프트뱅크의 인공지능 로봇 페퍼가 시니어 계층을 맞이한다. 카페와 음식점 기능을 하는 공간인데, 고령층을 테이블로 안내해 주문을 받고, 대화를 나누는 것까지 로봇 페퍼가 대신한다. 인건비를 절감하는 것은 물론이고, 고령층이 로봇과의 상호 작용을 즐기는 것을 현장에서 쉽게 목격할 수 있다. 할머니, 할아버지들이 페퍼에게 말을 걸고, 귀엽다고 쓰다듬어 주는 등 인간과의 충분한 커뮤니케이션이 가능하다.

고령층 케어에 관련한 로봇 산업에서는 일본이 단연 선두이지만 첨단 기술 국가인 한국에서도 초고령 시대를 맞아 이런 시장에 관심을 가질 만하다. 특히 2040년께에는 중국 인구 중 3억 명이 65세 이상 고령층으로 바뀐다. 산아 제한을 오랫동안 유지해오면서 영유아의 숫자 자체가 급감한 데다 과학기술 발달로 노인 인구가 급증한 탓이다. 노인이 급격하게 늘어나는 '피크 유스' 시대를 맞아 로봇 기술을 통한 고령 친화 산업을 키워놓는다면 향후 중국을 수출 판로로 개척할 수 있다는 얘기다.

마주하기 전에는 아무것도 달라지지 않는다

"마주한다고 모든 것이 바뀔 수는 없지만, 마주하기 전에는 아무 것도 바뀔 수 없다(Not everything that is faced can be changed, but nothing can be changed until it is faced)."

미국 작가 제임스 볼드윈의 말이다. 문제를 있는 그대로 인정하는 것이 해결의 첫 단추가 된다는 얘기다. 당연한 얘기지만 우리가 살고 있는 현실에서는 통하지 않을 때가 많다. 빤히 내다보이는 미래의 위기를 별다른 문제 의식 없이 방치하게 되는 것이다. 피크 쇼크가 딱 그렇다.

피크 쇼크는 위기 중에서도 독특한 특성을 갖고 있다. 최근 세계 경제가 겪었던 위기와는 미묘한 차이가 있다.

미국 뉴욕대의 니콜라스 탈레브 교수는 2007년 《블랙 스완(The Black Swan)》이란 책을 써서 유명세를 탔다. 모두 알다시피 블랙 스완 이란 전혀 일어날 것 같지 않은 일이 발생하는 상황을 말한다. 미국에서 촉발돼 글로벌 경제위기로 번진 서브프라임모기지 사태를 비롯해 9·11테러, 브렉시트(영국의 유럽연합 탈퇴) 등이 블랙 스완의 예로 흔히 꼽힌다. '예측 불가능'하다는 게 키워드다. 피크 쇼크와는 결이 다르다고 볼 수 있다. 피크 쇼크는 누구나 예상 가능하고, 심지어 체험하고 있는 현실이기 때문이다.

경제학에서는 블랙 스완 외에도 화이트 스완(White Swan), 그레이 스완(Gray Swan)이 전문 용어처럼 쓰인다. 화이트 스완은 과거의 경험에 비춰 충분히 예상되는 위기인데도 불구하고 적절한 대응책을 마련하지 못하는 상황을 뜻한다. 글로벌 금융위기가 대표적인데 역사적으로 되풀이됨에도 불구하고 반복적으로 발생하는 위기를 말한다. 이에 비해 그레이 스완은 예측이 어느 정도 가능하지만 마땅한 해결책을 찾을 수 없어 위험한 상태가 지속되는 상황을 뜻한다. 과거 유럽 재정 위기 같은 것들이 여기에 해당한다.

굳이 구분하자면 피크 쇼크는 이 중 그레이 스완과 가깝다고 볼 수 있다. 누구나 예측할 수 있지만 과거에 경험해본 적이 없는 위기 상황이라 그 파급 효과를 가늠하기가 어려운 상황이다. 그러나 좀 더 흡사한 것은 위기관리 전문가로 유명한 미셸 부커가 2013년 다보스 포럼에서 발표한 '회색 코뿔소(Gray Rhino)' 개념이다.

코뿔소는 도저히 놓칠 수 없는 동물이다. 몸집이 큰 데다 엄청나게 무겁기 때문에 빨리 뛸 때에는 땅이 진동할 정도라고 한다. 이런 코뿔소가 달려온다면 금세 알아차리게 된다. 그럼에도 막상 그런 일이 벌어지면 머리가 하얘지는 공포감 때문에 딱딱하게 몸이 굳는 일이 발생한다. 위기 상황이 다가오고 있음을 알면서도 꼼짝 못하고 있는 상황, 그게 회색 코뿔소다.

피크 쇼크가 회색 코뿔소와 비슷한 점은 요란한 경보음이 곳곳에서 울려 퍼지고 있음에도 불구하고 대응을 전혀 하지 못하고 있기 때문이다. 어쩌면 대응을 막연히 미루고 있는지도 모른다. 위기가 닥치는 시기가 지금 당장이 아니라 상당한 시간이 흐른 뒤일 것이라고 짐작하고 있는지도 모른다. 그러나 피크 쇼크는 먼 훗날 벌어질 딴 세상의 일이 아니다. 바로 지금, 우리가 있는 대한민국에서 벌어지고 있는 일이다. 이미 일상생활 속에서 피크 쇼크를 경험하고 있다. 몇 가지 예를 들어보겠다.

에너지경제연구원의 보고서에 따르면 2019년 1~9월 전체 산업용 전력 소비가 전년 동기 대비 0.9% 감소했다. 산업용 전력 소비가 마이너스를 기록한 것은 1999년 관련 통계 집계가 시작된 이후 처음이다. 특히 조선업, 차 제조업과 직결되는 1차 금속 분야에서는 전력 소비가 전년 동기 대비 5%나 쪼그라들었다. '한국 공장들의 가동률이 하락하기 시작했다'는 뜻으로 해석할 수도 있는 경고 시그널이다. 물론 2019년은 내수 경기 부진과 수출 감소의 영향이 컸던 해다. 게다가 앞으로 인공지능, 전기차 등 4차 산업혁명 관련 기술이 확산되면 전기 소비는 점점 더 늘어날 수밖에 없다. 따라서 산업용 전력 소비는 머지않아 증가세로 돌아설 가능성이 높다. 하지만 과거 고도 성장기의 전력 수요 증가세는 다시 보기 힘들 것이다. 한국 제조업은 최근 몇 년간 무서운 속도로 해외 이전을 감행했다. 산업용 전력 수요도 당분간 미세한 증가세에 그칠 것이라는 게 그나마 낙관적인 시나리오다. 한국 제조업이 정점을 찍었거나 정점 부근에 접어들었다는 또 다른 방증이다.

이런 식의 사례는 곳곳에서 발견된다. 통계청에 따르면 2019년 종사자 5~299인 규모 사업장의 취업자 수가 2004년 통계 집계 이래 처음으로 감소했다. 총 1,457만 2,000명으로 전년보다 3,600명 감소했는데, 자영업자 감소가 주원인으로 꼽힌다. 수요 부족으로 경기가 나빠지면서 종사자 5명 이상의 자영업자들이 대거 사업을 접거나 1~4인 사업장 규모로 축소됐다는 얘기다. 이 또한 언젠가 내수 경기가 살아나면 사정이 달라질 수 있겠으나, 중견 규모의 자영업이 쇠락하는 추세 자체를 바꿔놓지는 못할 것이다.

이를 두고 산업 구조의 변화일 뿐 전체 산업의 성장세가 정점을 찍었다거나, 전체 수요가 내리막길을 걷기 시작했다는 신호로 보기에는 무리가 있는 것 아니냐고 되물을 수도 있을 것이다. 일리 있는 반론이지만 인구가 줄고, GDP 성장률이 갈수록 낮아지는 상황에서 이런 식의 산업 구조 변화는 생산 축소 쪽으로 수렴될 수밖에 없다.

피크 쇼크는 개별 기업이나 산업뿐 아니라 국가 경제, 글로벌 경제 차원에서도 바라볼 필요가 있다. 거시경제적인 관점에서 피크 쇼크는 장기적인 경기 침체, 금융위기, 심지어 공황의 형태로 나타날 수 있다. 특히 피크 쇼크는 디플레이션과 닮은 측면이 많다. 인플레이션의 반대 개념인 디플레이션은 소비나 투자 감소 등으로 명목 물가가 하락하는 것이다. '소비 감소→투자 위축→고용 축소→소득 감소→소비 감소'의 악순환이 피크 쇼크의 부작용 경로와 크게 다르지 않다. 자산 가치 급락과 경기 침체에 대한 공포심이 더해지면서 경제 시스템에 큰 충격을 가할 수 있다는 점도 유사하다.

한국은행의 〈2019년 BOK이슈노트: 우리 경제의 디플레이션 리스크 평가〉 자료에 따르면 디플레이션은 많은 경우 단순히 물가 수준이 하락하는 현상을 의미하기보다는 물가 수준의 하락이 자기실현적(Self-Fulfilling) 기대 경로를 통해, 상품 및 서비스 품목 전반에서 지속되는 현상을 지칭한다. 또 디플레이션 상황이라고 하면 실물 경기의 극심한 침체와 자산 및 금융 시장의 불안 등을 포괄하는 것이 일반적이다. 디플레이션의 과거 주요 사례를 보면 자산 시장 불안 등의 충격으로 총 수요가 급격하게 위축되는 상황에서 주로 발생했다. 고질적인 공급 과잉과 추세적인 수요 감소에서 충격이 누적되는 피크 쇼크와는 인과 관계에서 차이가 있다.

그럼에도 불구하고 최근 한국 경제의 디플레이션 우려가 확산되고 있다는 점은 꺼림칙한 대목이다. 자칫 디플레이션의 공포와 피크 쇼크의 파장이 부정적인 상승 작용을 일으킬 수 있기 때문이다.

글로벌 경제에 피크 쇼크는 '명백하고 현존하는 위험(Clear and Present Danger)'이다. 미국 투자은행(IB) 뱅크오브아메리카는 〈2020년 경제전망 보고서〉에서 "2020년대는 정점 시대(The 2020's is the Decade of Peak)"라고 진단했다. 글로벌 경제가 총 수요 위축으로 본격적인 공급 과잉에 돌입한다는 것이다.

글로벌 교역에서 공급은 넘치는데 수요가 쪼그라든다면 개별 기업뿐만 아니라 각국 정부도 각자도생(各自圖生)에 들어가게 된다. 최근 보호무역주의 확산은 글로벌 공급 과잉과 수요 부족에 그 근원이 있다. 지금은 철강, 해운업종이 대표적이지만 시간이 흐를수록 확산될 가능성이 크다. 뻔한 수요를 놓고 공급 과잉이 고착화하면서 각국이 자국 기업을 보호하기 위해 무역 규제를 강화하고 있다. 무역으로 먹고사는 한국에게는 심각한 위협이다.

2008년 글로벌 금융위기 당시, '글로벌 임밸런스(불균형)'가 주요 원인으로 지목되곤 했다. 글로벌 임밸런스란 중국, 한국 같은 수출주도형 아시아 국가들이 오랜 기간 무역 흑자를 유지하면서, 미국의 달러가 중국을 비롯한 신흥국으로 이동했고, 이 자금이 미국 국채 매입 등을 통해 미국 금융 시장으로 유입되면서 미국의 부동산 등에 자산 거품을 끼게 만들었다는 주장이었다. 이때 등장하는 핵심적인 연결 고리가 중국 등 수출주도형 국가의 환율 저평가다. 환율을 조정해 무역 불균형을 초래했다는 것이다. 이를 달리 표현하면 제한적인 글로벌 수요를 신흥국이 과도하게 점유하는 현상이 지속됐다는 뜻으로, 일종의 피크 쇼크로 볼 수 있다.

글로벌 금융위기 이후 미국을 중심으로 선진국들은 글로벌 임밸런스를 바로잡기 위해 노력하고 있다. 도널드 트럼프 미국 행정부가 경상수지 적자를 줄이기 위해 최대 무역 흑자국인 중국을 압박한 것이 대표적이다. 미중 무역 전쟁의 본질에 대해서는 여러 시각이 존재할 수 있지만 여기서도 핵심적인 연결 고리 중 하나는 환율이다. 저평가된 위안화를 절상시킴으로써 무역 불균형을 해소하겠다는 시도가 이어지고 있는 것이다. 환율이 피크 쇼크의 주요한 대응책으로 부상한 셈이다.

피크 쇼크의 도래를 현실로 받아들이게 됐다면 이제 남은 것은 어떻게 대응하느냐다. 가장 중요한 것은 눈앞에 닥친 위기 상황을 가감 없이, 편견 없이 인식하고 과거의 잘못된 대응을 반성하는 것이다.

사실 영리를 목적으로 하는 기업들이 피크 쇼크를 앞두고 적극적인 대비를 하는 것은 당연하다. 기업뿐만 아니라 정부와 정치권, 국민 개개인들도 스스로를 되돌아 봐야 할 시점이다. 시장의 파이가 줄어들어 가뜩이나 먹고살기 힘들어졌는데 경쟁을 막고 기득권에 안주하려는 세력이 득세하고 있는 것은 아닌지, 그나마 허용되는 경쟁조차 제도적 허점 탓에 불공정하게 이뤄지는 것은 아닌지, '심판'과 '갈등 조정자' 역할을 해줘야 할 정부와 정치권이 제 역할을 하고 있는지를 되짚어봐야 할 것이다.

무엇보다 우리 자식 세대들이 불공정한 담합 구조에서 벗어날 수 없도록 기회의 사다리까지 걷어찬 것은 아닌지 자문해봐야 할 것이다. 그렇다면 피크 쇼크의 대비책을 마련하는 것도 우리 세대의 몫일 것이다. 구체적으로 세 가지 대안을 제시해보자면 이렇다.

첫째, 정부는 산업 정책을 뜯어고쳐야 한다. 중규모 개방 경제 국가인 한국 입장에서는 이게 제일 중요하다. 2019년 2월 글로벌 컨설팅그룹 삼정KPMG인터내셔널이 발간한 〈2019 자율주행차 준비 지수 보고서〉에 따르면 한국은 총 19.79점으로 평가 대상 25개국 가운데 13위에 그쳤다. 이는 2018년(10위)보다 3계단 떨어진 순위다. 네덜란드(1위)와 싱가포르(2위)뿐만 아니라 아랍에미리트(9위)와 일본(10위)에도 밀렸다.

한국의 자율주행차 준비 지수 결과를 항목별로 살펴보면 무엇이 문제인지 윤곽이 잡힌다. 한국은 사회기반시설(6.23점, 4위), 기술·혁신(3.92점, 7위)에서는 비교적 상위에 랭크됐다. 이에 비해 정책·제도(5.71점, 16위), 소비자 수용성(3.93점, 19위) 등은 하위권에 머물렀다. 한국이 자율주행 관련 기술과 산업 파트너십에서는 미국과 독일, 캐나다, 이스라엘과 함께 세계 최고 수준이지만 관련 입법 절차와 법률

시스템 효율성 측면에서는 브라질과 멕시코 등과 함께 최하위권으로 평가된 것이다.

물론 이 같은 현상은 여러 가지 이유가 복합적으로 작용한 결과이고, 자율주행자 준비 수준이 한국 산업계 전체를 대표하지도 않는다. 그럼에도 불구하고 피크 쇼크의 부작용을 최소화하기 위해서는 정부 정책의 역할이 긴요하다. 개별 기업과 개인 차원에서 기울이는 노력을 제외하면 정부 정책이야말로 유일한 대비책이기 때문이다.

지금 한국 정부의 산업 정책은 세 가지 '노(No)'의 함정에 빠져 있다. 정부가 미래에 대한 타당한 계획을 제시하지 못할 뿐더러, 산업계를 이끌어 갈 리더십이 없으며, 정책 오류가 확인돼도 변화에 대한 의지가 없다는 지적이다.

탈원자력 발전소 정책이 대표적이다. 탈원전을 고집하면서도 그 부작용에 대한 대비 계획은 빈약하기 그지없다. 계획이 없으니 우선순위도 헷갈리게 된다. 탈 원전과 온실가스 감축이라는 두 마리 토끼를 잡으려다 보니 정책 스텝이 꼬였다. 온실가스를 대대적으로 줄이려면 석탄이나 액화천연가스(LNG) 발전소보다 효율적인 전력 생산 방식인 원자력 발전소를 활용해야 하기 때문이다.

한국 내에서는 안전하게 가동할 수 있는 원전마저 서둘러 폐쇄하면서 해외에 원전을 수출하겠다는 것도 앞뒤가 안 맞기는 마찬가지다. 친환경 에너지 정책은 장기적으로 계획해야 한다. 탈 원전 정책을 추진하더라도 유연한 리더십이 필수다. 하지만 그것이 없으니 전기 생산 비용만 눈덩이처럼 불어나는 형국이다. 그 피해는 기업과 국민들이 뒤집어쓸 수밖에 없다. 가장 놀랍고 심각한 대목은 온갖 폐해가 드러나고 있음에도 잘못을 바로잡지 못한다는 점이다.

정부가 추진 중인 인공지능 국가 전략도 엇비슷한 비판을 받는다. 공공 데이터 전면 개방이나 차세대 지능형 반도체 개발 등은 포장만 바꾼 과거 정부 정책의 재탕으로 여겨지는 분위기다. 한일 갈등을 계기로 마련된 정부의 소재 · 부품 · 장비 경쟁력 강화 대책도 10여 년째 반복되는 실정이다. 실효성과 동 떨어진 구호성 정책이 무한 반복되는 양상이다. 무계획(No Plan), 무리더십(No Leadership), 무변화(No Change)의 소산이다.

피크 쇼크의 부작용을 최소화하려면 정부 산업 정책부터 손질해야 한다. 합리적이고 현실적인 계획을 수립하고, 흔들림 없는 추진을 위한 리더십을 복원하며, 드러난 정책의 오류에 대해서는 과감하게 수정하는 시스템 마련이 시급하다. 이를 위해서는 정권마다 오락가락을 되풀이하는 산업 정책의 '탈(脫) 정치화'가 그 무엇보다 중요하다.

둘째, 정부의 시장 개입 원칙을 분명히 하고 과감한 경쟁 촉진 정책을 펼쳐야 한다. 경쟁을 촉진시키기는커녕 정부가 규제나 간섭 등을 통해 경쟁을 하지 못하게 만드는 일은 없어야 한다. 물론 경쟁의 낙오자를 챙기는 따뜻한 자세는 필요할 것이다. 그러나 어설픈 평등주의, 온정주의를 앞세워 혁신을 방해하는 행위는 백해무익이다. 특히 약자를 보호한다는 미명하에 노조 등의 기득권을 위해 새로운 규제를 만드는 행태는 반드시 혁파되어야 한다.

노동 개혁도 같은 맥락이다. 노조 활동 자체를 부정하는 게 아니다. 이른바 '귀족 노조'가 문제다. 경직적이고 전투적인 노동조합은 한국 경제의 고질병이다. 특히 그들의 기득권을 지키기 위해 정부가 개입하는 행태는 중단되어야 한다. 2019년 다보스포럼 국가 경쟁력 평가에서 한국은 종합 13위를 기록했다. 얼핏 보면 그다지 나쁜 성적이 아니라는 생각이 들 수도 있다. 하지만 평가 항목을 살펴보면 '아직도 갈 길이 멀다'는 사실을 인정할 수밖에 없다.

한국은 거시 경제 안정성과 정보통신기술 보급 부문에서는 전년에 이어 2년 연속 1위를 차지했다. 인프라스트럭처, 보건, 혁식 역량도 6~8위에 랭크됐다. 이에 비해 노동 시장 경쟁력은 51위를 기록했다. 전년보다 3계단이나 미끄러졌다. 특히 세부 항목으로 내려가면 노사 협력 순위는 130위였고, 고용 및 해고 유연성도 102위였다. 조사 대상 국가가 141개였다는 점을 감안하면 부끄러운 수준이다. 다보스포럼이 한국의 노동 시장을 콕 집어 "이중 구조와 경직성을 개선해야 한다"고 지적했을 정도다.

만약 노동 개혁을 통해 협조적이고 유연한 노동 시장을 가질 수만 있다면 한국의 국가 경쟁력은 피크 쇼크가 무섭지 않은 수준에 올라설 수 있을 것이다. 피크 쇼크 돌파를 위해 정부가 해야 할 일은 기업들이 생존할 수 있는 환경을 조성해주는 것이다. 기득권의 부당한 저항에 대해서는 정면 돌파하는 결기가 필요하다.

마지막 세 번째는 근거가 모호한 반(反) 기업 정서를 깨뜨려야 한다는 것이다. 한국은 지금 '기업하기 정말 피곤한 나라'가 되어버렸다. 각종 규제와 인건비 등 비용 상승도 큰 원인이지만 보다 근본적으로는 기업을 적대시하는 사회 분위기가 가장 심각한 문제다. 특히 대기업에 대해서는 사소한 잘못도 가중 처벌하는 분위기가 굳어져 있다.

일자리와 혁신의 상당 부분을 차지하는 중소기업과 벤처 기업도 중요하다. 하지만 현실적으로 글로벌 기업, 기술 전쟁의 주전 선수는 대기업일 수밖에 없다. 산업 생태계의 주춧돌과 기둥이 대기업이다. 이런 대기업을 제껴 놓고 피크 쇼크 대응을 논한다는 자체가 어불성설이다.

미국에서 가장 주목받는 경제학자 중 한 명으로 꼽히는 타일러 코웬 미국 조지메이슨대 경제학 교수는 2019년 말 〈매일경제〉와의 인터뷰에서 반 기업 정서를 글로벌한 현상으로 정의했다. 코웬 교수는 "대부분의 일자리가 대기업에서 나오지만 젊은 층을 중심으로 대기업에 대한 좋지 않은 시선이 있어왔다"며 "심지어 미국에서는 공화당과 민주당이 모두 반 기업 정서를 표출하면서 SNS에서도 사람들이 점점 대기업에 대한 비판적 의견을 내고 있다"고 밝혔다. 그는 "일반 대중은 대기업에 대해 냉소적이면서도 동시에 그들이 내놓는 상품과 서비스를 즐기고 있다"고 꼬집었다. 예를 들어 아이폰, 아마존의 배달 서비스 등을 향유하면서도 다른 한편으로는 애플, 아마존을 비난하고 있다는 것이다. 일자리도 마찬가지다. 실제로 선택의 기회가 주어진다면 수많은 사람이 중소기업 일자리보다 좋은 보수를 제공하는 대기업 일자리를 선택한다고 지적했다.

코웬 교수는 여러 차례 한국을 방문해 한국에 대한 이해도가 높은 경제학자다. 한국의 반 기업 정서도 잘 알고 있다는 평가를 받는다. 그는 "한국인들의 반 기업 정서는 부러움 때문이라고 본다"며 "불공평해 보이는 모든 일을 대기업 탓으로 돌리면 안 된다"고 강조했다.

〈부록〉CES 2020 리뷰

기술을 담은 신제품 공급의
시대가 왔다

'전기차의 시대가 왔다', '수면테크·책상 위 텃밭… 세상에 없던 기술이 삶의 동반자가 된다', 'CES, 인공지능으로 통하다'.

2020년 1월 7일부터 10일까지 미국 라스베이거스에서 열린 CES 2020을 다녀온 국내 언론사들의 기사 제목이다. CES는 새로운 기술을 선보이는 IT 기업들의 '장기 자랑 대회' 같은 플랫폼이다. 저마다 자신들의 기술력과 비전이 뛰어나다는 점을 알리면서 이를 통해 자신들의 파트너와 고객들을 넓히는 이벤트로 유명하다. 이 때문에 전 세계 언론들은 CES에서 발표되는 각종 신기술과 신제품들을 앞다투어 보도하기 시작한다.

그 기술과 제품이 신기하면 신기할수록 보도 횟수는 늘어나고, 보도 횟수가 늘어나면 늘어날수록 참가한 기업들은 소기의 목적을 달성하게 된다. 매년 초 스위스에서 열리는 다보스포럼이 한 해의 어젠다를 선점하듯, CES 역시 IT 기업들이 기술 어젠다를 선점하기 위한 여론 전쟁을 벌이는 곳이다. 그러나 기업들이 CES를 찾는 이유는 그것뿐만은 아니다. 기업들은 CES에 참가하여 새로운 파트너들을 찾기도 한다. CES에서 각종 협업들이 많이 발표되는 이유 또한 CES에 기술 기업들의 CEO들이 대거 참가하기 때문이었다. 요약하면, 기업들이 CES를 찾는 이유를 한 문장으로 표현할 수 있다. 바로 자신들의 기술이 가진 우위를 널리 알림으로써, 자신들을 중심으로 한 생태계를 만들 수 있는 장이 CES이기 때문이다. 관람객 입장에서는 거대 IT 기업들이 가진 신기술들을 구경할 수 있고, 그 기술을 활용해 미래를 남들보다 빨리 대비할 수 있다는 이점 때문에 CES를 방문하려 한다. 특히 기업 경영에서 기술이 빼어놓을 수 없는 중요 요소가 되면서 CES는 최근 수년간 급격한 인기를 얻기 시작했다. 2019년 CES 참관자 숫자는 18만 명을 넘어 사상 최고치를 기록했다(2020년 CES 참가자 숫자는 미중 갈등에다 보이콧 CES 운동 등이 겹치면서 17만 명 초반대로 줄었다). 국가 경제 성장에 있어서 기술이 가장 중요한 동력 중 하나로 떠오르면서 미국 정부에서는 교통부 장관이 직접 CES에 날아오는 일이 연출됐다. 이방카 트럼프 미국 백악관 선임고문(트럼프 대통령의 딸)도 CES에 와서 '고용'을 주제로 기조연설을 했다. 우리나라에서도 박원순 서울시장, 원희룡 제주도지사, 권영진 대구시장 등이 대거 참석하면서 CES는 이제 정치인들도 신경 쓰는 행사가 되어가고 있다.

그러나 '분명히' 단언컨대, 이번 CES는 과거와 다른 뭔가를 보여주고 있었다. 뭔가 세상을 편하게 만드는 기술에 대한 중요성보다는 '비즈니스' 기회가 더 강조되고 있었다. 과거처럼 CES에서 협업 대상과 MOU를 체결하고 보여주기 식으로 협업을 발표하는 트렌드는 물 건너갔다. 그래서 놀랄 만한 협업 발표는 없었다. 대신 기업들은 자신이 잘하는 점을 부각시키려 했고, 무리하여 자신의 기술들을 과시하려 하지 않았다. 관객들은 '2019년 CES의 화두였던 폴더블,

5G, 인공지능 등과 다른 2020년만의 CES 기술 키워드는 무엇이냐'를 묻고 있었지만 누구도 그에 대해 뚜렷하게 대답하는 사람은 없었다. '다음 차례 기술은 뭐지?(What is Next Big Thing?)'라는 질문에 명확한 대답은 제시되지 않았지만, 대신 '무엇이든 다음 차례가 될 수 있다(Anything Can be Next)'라는 답들이 돌아왔다. 기술이 중요한 것이 아니라, 이제는 기술을 활용한 비즈니스 싸움이 중요하다는 메시지가 뇌리에 꽂히는 CES 2020이었다.

'공급의 시대'에 각광받는 CES

글로벌 저금리 시대에 돌입한 이후 미국과 일본 등은 호황을 누리고 있다. 금리 인하로 시중에 수많은 자금이 공급되었고, 더불어 정부 재정 지출도 확대되면서 거시 경제의 총 수요가 늘어나고 있다는 점이 호황의 가장 근본적인 원천이라고 많은 경제학자들이 지적한다. 한마디로 시중에 돈이 많이 풀렸기에 많은 사람들이 돈을 소비 또는 투자하려 한다는 것이다. 2008년 미국 금융위기 이후 벤 버냉키 연준의장이 '헬리콥터 벤'이라는 별명으로 불렸을 정도로 미국은 약 10년간 돈을 시중에 뿌려댔다. '공포'를 권력의 원천으로 삼는 트럼프 대통령은 연준의장 또한 공포로(대선을 앞두고) 금리 인하를 압박해왔다. 그 결과 미국을 놓고 봤을 때 거시 경제의 총 수요는 더 이상 나아질 수 없을 정도로 최고조에 달해 있는 상황이다.

그러나 경제가 성장하려면 총 수요만으로는 한계가 있다. 공급 또한 이를 받쳐줘야만 경제가 성장한다(공급이 늘어나지 않을 경우 물가만 상승할 가능성이 크다). 그런데 오늘날 미국을 중심으로 한 세계 경제는 공급 또한 늘어나고 있다. 바로 인공지능, 5G, 퀀텀컴퓨팅, 블록체인, 스마트홈, 스마트시티 등 수년간 CES에서 등장하고 있는 수많은 신기술들 때문이다. CES는 바로 이처럼 늘어나고 있는 거시 경제의 총수요에 발맞춰 경제 성장의 또 다른 한 축인 총 공급의 증가를 보여주는 전시장이라 할 수 있다. 따라서 아주 단순화하여 말하자면, CES에 새로운 기술이 많이 등장하면 할수록, 세계 경제(특히 미국 경제)가 나아질 것이라 예상해볼 수 있는 것이다.

바로 이런 점 때문에 전 세계 경제인들은 그동안 CES를 주목해왔다. 수요가 팽배하여 공급이 경제 성장에 더 큰 변수가 되어버린 지금. 경제에 새로운 공급을 불어넣을 수 있는 기술들이 CES에서 대거 전시되기 때문이다. 오늘날 수많은 대한민국 CEO들이 CES를 참관하기 위해 날아오는 이유는 이렇게 설명이 된다. 시장의 수요를 걱정할 때가 아니라 지금은 어떻게 하면 새로운 제품을 공급하느냐가 더 중요한 전장이 돼버렸기 때문이다. 그래서 CEO들은 '신기한' 것들을 찾아 CES를 방문한다.

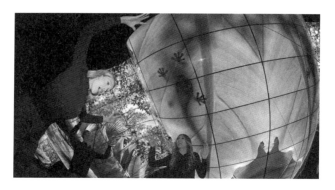

LG전자가 CES 2020 현장에서 전시한 물결 형태의 OLED 디스플레이가 관람객의 눈길을 사로잡고 있다.
〈자료: 매일경제〉

2020년 CES를 통해 새롭게 공급된 신기술

이런 배경 때문에 매년 CES는 새로운 기술을 '공급'하고 전시하기 위해 노력해왔다. 이를테면 CES 2019에서는 LG전자가 롤러블 디스플레이를 선보였고, '벨(BELL)'랩이 하늘을 나는 전기운송 수단을 선보이기도 했다. 2020년에도 많은 IT 기업들이 새로움을 선사하기 위해 전시를 진행했다. 경제에 파급 효과가 있는 순서대로 열거하자면 '전기차'가 가장 큰 화두였다고 할 수 있다. CES 주최 측인 CTA(전미기술자협회)는 전기차의 10년 시대(Electric Decade)가 열렸다고 평가할 정도다. 소니가 전기차 신제품을 만들겠다고 발표했고, 중국을 중심으로 한 다국적 전기차 회사인 '바이튼'이 이번 CES에서 'M-Type'이라는 신제품을 내놓았다. 우버와 현대차는 전기로 날아가는 UAM(도심 항공 모빌리티)을 공동으로 발표했다. 벤츠도 전기로 움직이는 아바타(AVTR)라는 새로운 콘셉트 자동차를 내놓았다. 전기라는 에너지원이 이처럼 대세가 되자, 이미 전기차 시장에서 자리를 잡고 있던 강자 테슬라의 주가가 급격히 상승하는 모습도 연출됐다(테슬라는 CES에 참가하지도 않았다). CES가 끝난 뒤 기아차는 11종의 전기차 라인업을 내놓겠다는 발표를 했다. '전기 마차떼 효과(Electric Herding)'가 발생하고 있는 셈이다.

한 해 동안 전 세계 8,800만 대가 팔리는 자동차 시장이 이제 내연기관에서 전기차의 시대로 새로운 공급을 예고하고 있다. 그 본격적 변화가 CES에서 관찰된 것이다. 자동차 시장은 미국만 따지더라도 연간 300조 원가량의 대형 시장이다.

다음으로 가장 큰 시장 규모를 갖고 있는 신기술은 단연 '웨어러블(Wearable)'이다. 애플의 에어팟, 애플워치 및 삼성의 이어버드 등으로 상징되는 웨어러블 시장은 2020 CES에서 뜨거운 화두 중 하나였다. CTA 측이 이번 CES에 맞춰 발표한 바에 따르면 2020년 웨어러블 시장은 약 31% 정도 매출 규모가 성장할 것으로 예상된다. 그런데 이는 놀랍지 않은 숫자다. 이미 2019년 웨어러블 시장은 70% 이상의 성장을 북미에서 기록했었기 때문이다. 애플의 에어팟 같은 경우는 미국 블랙프라이데이 때 가장 많이 팔린 품목 중 하나였고, 우리나라에서도 불티나게 판매되고 있다. 가로수길 매장에서 판매되는 에어팟의 숫자가 전 세계 2위 매출을 기록할 정도. 2020 CES에서는 델타항공이 전시장에서 승객들의 짐을 손쉽게 옮길 수 있는 웨어러블 형태의 로봇을 선보였고, 혈압을 측정하는 웨어러블(참케어, 오므론), 통증을 치료하는 웨어러블(헬스리안) 등도 나왔다. P&G는 기저귀에 부착할 수 있는 웨어러블 제품도 들고 나왔다. 이 밖에 스마트 스피커(2020년 14% 성장 예상), 스트리밍 서비스(11%), 스마트홈(4%) 등도 이번 CES에서 주목받은 기술이었다. 이 영역과 관련이 있는 기업에 종사하는 이들이라면 CES에서 어떤 기술이 전시됐는지 조금 더 자세히 들여다보면 좋을 듯하다.

기업들이 '도시'를 논하기 시작했다

CES에서 전시된 '신기한' 것들은 전기차, 웨어러블, 스마트홈, 스트리밍 서비스뿐만이 아니었다. 수면테크, 베이비케어, 인공 돼지고기, 복합현실(XR) 등 CES 2020은 '신기한 것들'을 모아놓은 박람회장 같았다. 그중에서도 기자가 가장 놀란 것은 '새로운 도시'를 공급하겠다는 도요타의 발상이었다. 우리가 살고 있는 도시는 사실 경제를 살리기 위한 공급을 일으키기에 가장 좋은 수단 중 하나다. 거시 경제의 총 공급을 늘려야 한다고 주장하는 경제학자 폴 로머 뉴욕대

커넥티드카와 자율주행차에 대한 비전을 담은 현대모비스의 CES 2020 전시장

〈자료: 매일경제〉

학교 교수(2018년 노벨상 수상자)가 '차터 시티'라는 개념을 만들어 혁신을 장려해야 한다고 주장한 것도 우연은 아니다. CES 개막 하루를 앞 둔 2020년 1월 6일(현지시간) 도요타자동차의 사장인 도요다 아키오가 발표한 '우븐 시티(Woven City, 짜여진 도시)'는 미래 모빌리티와 인공지능 등이 함께 융합된 거대한 스마트 시티였다. 그 옛날 막부시대를 연 도쿠가와 이에야스의 고향인 시즈오카 현에 있는 도요타 공장을 폐 쇄하고 그 자리에 21만 평짜리 스마트 시티를 건설하겠다는 선언이 다. 도요다 사장은 "도요타그룹 미래 방향성은 AI, 모빌리티, 로보틱 스, 소재과학, 지속가능한 에너지에 맞춰져 있다"며 "이를 구현하기 위한 각종 실험을 실제 주민이 거주하는 환경에서 진행하면 어떨까 라는 생각에서 이 프로젝트가 태어났다"고 설명했다.

우리나라도 스마트시티를 새로운 경제 활력을 일으키기 위한 거 시 경제 공급 확대 차원에서 이번 정권이 추진해왔다. 그러나 도요타처럼 기업과 민간이 중심이 되는 도시 프로젝트가 아니라, 정부 주도의 세종 부산 스마트 시티만 나오고 있다. 도요타가 CES를 통해 자신들의 존재감을 알리고 있는 데 반해, 한국의 스마트 시티들은 아직 세계 무대에서 이름을 알리고 매력 발산을 할 기회를 잡지 못하고 있다.

'그다지 새로울 것이 없었다'는 평가를 받는 CES 2020

냉정하게 말해 이번 CES 2020에서는 과거 인공지능, 블록체인, 퀀텀컴퓨팅처럼 시대를 한꺼번에 뒤바꿀 만한 천지개벽할 혁신이 등장하지는 않았다. 그래서 다수의 CES 참가자들이 "생각보다 CES 볼 것 없더라"라는 말들을 많이 쏟아내기도 했다. 기술만 놓고 보면 당연히 그럴 수 있다. 그러나 이번 CES에서는 보다 더 중요한 변화를 목격할 수 있었다. 바로 '기술에만 머무르는 기술'이 아니라 '우리 삶 속으로 들어오는 기술'이 본격화되고 있다는 움직임이다. 예를 들어 삼성전자 김현석 CE부문 사장이 인간과 교감하는 로봇 '볼리'를 내놓았다. 로봇이라는 대상 자체는 그다지 새로울 것이 없는 기술이다. 그러나 볼리를 통해 컨트롤되는 스마트홈이 현실화될 수 있다는 생각을 심어준 것 자체가 의미 있는 움직임이라고 볼 수 있다. 차상균 서울대학교 데이터사이언스대학원 준비단장(전기정보공학부 교수)은 "인공지능, 5G 등과 같은 첨단 기술은 이제 누구나 수도꼭지만 틀면 나오는 수돗물처럼 모두가 사용할 수 있는 기술이 되었다"며 "이제는 인공지능으로 가치 있는 무엇을 만들어내느냐가 더 중요하다"고 말했다. 이번 CES 20200이 '기술 전쟁'뿐만 아니라 '응용 전쟁'이 시작됐다는 선언과도 다름이 아니었다는 얘기다.

기술 혁신뿐만 아니라 비즈니스 혁신이 더더욱 중요해질 수 있다는 점을 강조하는 이들은 CES 2020에서 어렵지 않게 찾아볼 수 있었다.

　　샌디 카터 AWS 부사장은 〈매일경제〉가 CES 2020과 맞춰 개최한 매경 비즈니스포럼에 기조연설자로 나서 "혁신은 제품에만 국한되지 않는다"며 "무엇을 중심에 놓고 생각할지부터 혁신해야 한다"고 했다. '기술'에 집중하는 것이 아니라 '고객'에 집중하는 것이 핵심이라는 것이다.

　　카터 부사장은 "카네기멜론대학교팀의 연구에 따르면 스타트업 CEO들은 시간의 80%를 고객들과 함께 보내는 반면 규모가 큰 대기업은 20%만 고객과 함께 보낸다"며 "그게 대기업이 실패하는 원인 중 하나"라고 말했다. 장대환 매경미디어그룹 회장도 "세상을 바꿀 수 있는 어떤 새로운 기술도, 기술 그 자체로는 의미가 없으며, 실제로 세상을 바꾸어야 하고, 그로써 인간에게 가치를 주어야만 한다"고 역설하면서 "그렇지 않다면 그 기술은 꿈속에서만 존재하는 것일 뿐이며, 우리의 삶 속에는 아무 의미가 없는 것"이라고 말했다.

신현규 〈매일경제〉 실리콘밸리 특파원

포스트 피크, 추락의 시대가 온다

피크 쇼크

초판 1쇄 2020년 3월 25일

지은이 매일경제 산업부
책임편집 고원상
마케팅 김형진, 이진희

펴낸곳 매경출판㈜ **펴낸이** 서정희
등록 2003년 4월 24일(No. 2-3759)
주소 (04557) 서울시 중구 충무로 2(필동1가) 매일경제 별관 2층 매경출판㈜
홈페이지 www.mkbook.co.kr
전화 02)2000-2632(기획편집) 02)2000-2645(마케팅) 02)2000-2606(구입 문의)
팩스 02)2000-2609 **이메일** publish@mk.co.kr
인쇄·제본 ㈜M-print 031)8071-0961
ISBN 979-11-6484-096-0(03320)

이 도서의 국립중앙도서관 출판예정도서목록(CIP)은 서지정보유통지원시스템 홈페이지(http://seoji.nl.go.kr)와
국가자료종합목록 구축시스템(http://kolis-net.nl.go.kr)에서 이용하실 수 있습니다.
(CIP제어번호 : CIP2020009795)